中国政策科学研究会国家安全政策委员会

社会管理创新与国家安全

——第十届中国国家安全论坛论文集

主　编　巴忠倓

副主编　糜振玉　俞　源　彭光谦

时事出版社

图书在版编目（CIP）数据

社会管理创新与国家安全:第十届中国国家安全论坛论文集 /巴忠倓主编．—北京:时事出版社，2012.8

ISBN 978-7-80232-543-2

Ⅰ.①社…　Ⅱ.①巴…　Ⅲ.①社会管理—中国—文集 ②国家安全—中国—文集　Ⅳ.①D63-53.

中国版本图书馆 CIP 数据核字（2012）第 201110 号

出 版 发 行:时事出版社
地　　　址:北京市海淀区巨山村 375 号
邮　　　编:100093
发 行 热 线:（010）82546061　82546062
读者服务部:（010）61157595
传　　　真:（010）82546050
电 子 邮 箱:shishishe@sina.com
网　　　址:www.shishishe.com
印　　　刷:北京百善印刷厂

开本:787×1092　1/16　印张:13.5　字数:160 千字
2012 年 9 月第 1 版　2012 年 9 月第 1 次印刷
定价:48.00 元

主　编：巴忠倓

副主编：糜振玉　俞　源　彭光谦

编委会委员：（按音序排列）

郭福全　华　野　孔令铜

李庆功　吕　伟　乔　良

漆　谦　孙　峰　王湘穗

王宪磊　王彦丰　薛崇民

徐长银　张杰刚　赵天民

朱国林

目　录

加强和创新社会管理，确保我国国家安全
——第十届中国国家安全论坛开幕词 ………… 巴忠倓（1）
从国家战略的高度认识社会管理问题
——第十届中国国家安全论坛主题报告 ……… 李金华（5）
“社会管理创新与国家安全”讨论综述 …………… 糜振玉（10）
全面推进中国特色应急管理体系建设 …………… 魏礼群（15）
我国发展型新阶段的社会管理创新 ……………… 迟福林（22）
突发公共安全事件及社会救援服务体系建设 …… 何钟琦（29）
国家安全危机管理的理论探讨 …………………… 牛　力（37）
国家安全体系中的社会安全问题 ………………… 刘跃进（46）
关于完善我国应急预案体系的几点思考 ………… 钟开斌（57）
我国应急管理教育培训的经验和建议 …………… 王宝明（63）
后拉登时代中国反恐形势与对策思考 …………… 李湛军（71）
水问题与国家水安全战略思考 …………………… 佘　廉（85）
对调处涉台突发事件的分析与思考 ……………… 桑登平（97）
城市公共安全威胁、发展趋势与

对策思考 ………………………… 郭建军　郭　弋（113）
筑起防灾减灾的钢铁长城 ………………………… 温元麟（120）
树立“网络主权”理念，构建“网络国防”机制，
维护“网络边疆”安全 ………………………… 叶　征（131）
提高网络舆论引导能力的思考 ………………………… 于祥森（139）
军队参与处置公共危机问题研究 …… 杨承军　尹　宇（148）
以警务管理创新促进社会稳定 ………………………… 陈　利（156）
保安在社会公共安全中的重要作用 … 张金龙　吴国华（166）
对社会管理创新的几点思考 ………………………… 朱国林（175）
印度反腐的困局及启示 ………………………… 詹得雄（182）
国外应急体制经验和教训 ………………………… 李　明（188）
国外危机管理 ………………………… 阮　林（196）

加强和创新社会管理，确保我国国家安全

——第十届中国国家安全论坛开幕词

中国国家安全论坛主席 巴忠倓

尊敬的李金华副主席，

尊敬的魏礼群院长，各位领导，各位专家，

上午好！

“第十届中国国家安全论坛”今天开幕。在此，我谨代表论坛组委会，对莅临本届论坛的全国政协李金华副主席，对与会的各位领导、各位嘉宾、各位专家，表示热烈的欢迎！并对大家在繁忙的工作中抽出宝贵时间、放弃周末休息来参加这次论坛会议，表示衷心的感谢！

本届论坛的主题是“社会管理创新与国家安全”，论坛组委会今年选定这个主题，主要是贯彻落实中央关于“加强和创新社会管理”的指示精神，从维护和拓展国家安全利益的基本点出发，研究和探讨加强和创新社会管理的战略、策略和方略，为国家安全决策机构献计献策，提供咨询意见。

2011 年 2 月 19 日，胡锦涛总书记在省部级主要领导干部社会管理及其创新专题研讨班开班式发表讲话时指出：“加强和创新社会管理，是继续抓住和用好我国发展重要战略机遇期、推进党和国家事业的必然要求，是构建社会主义和谐社会的必然要求，是维护最广大人民根本利益的必然要求，是提高党的执政能力和巩固党的执政地位的必然要求，对实现全面建设小康社会宏伟目标、实现党和国家长治久安具有重大战略意义。”

胡锦涛总书记还指出：“我们加强和创新社会管理，根本目的是维护社会秩序、促进社会和谐、保障人民安居乐业，为党和国家事业发展营造良好社会环境。社会管理的基本任务包括协调社会关系、规范社会行为、解决社会问题、化解社会矛盾、促进社会公正、应对社会风险、保持社会稳定等方面。”

胡锦涛总书记还提出了“三个最大限度”的总要求，即“最大限度激发社会活力、最大限度增加和谐因素、最大限度减少不和谐因素”。

胡锦涛总书记在讲话中明确提出了“加强和创新社会管理”的战略意义、根本目的、基本任务和总要求。我们这届论坛就是要以胡锦涛总书记的讲话精神为指针，以中央关于“加强和创新社会管理”的战略部署为依据，以“国家长治久安”为立足点和着眼点，以“社会安全管理”为重点，深入研讨“如何加强和创新社会管理”这个重大议题。

为了开好这届论坛会议，我想就胡锦涛总书记关于“加强和创新社会管理”讲话精神谈几点学习体会，也算是在这届论坛上抛砖引玉的简短发言，有什么不对的地方，请大家批评指正。

第一，从国家战略全局的层面看，社会管理主要涉及两个大的方面：一是社会发展管理；二是社会安全管理。也就是胡锦涛总书记强调的“全面建设小康社会”和“党和国家长治久安”

这两个方面。这两个方面的问题是相互联系、互为作用、相辅相成、相得益彰的。因此，对这两个方面的社会管理问题，我们都应进行广泛、深入的研究和探讨。这届国家安全论坛，应该在研讨社会发展管理的同时，更加注重研讨社会安全管理问题，将社会管理与国家安全紧密地结合起来，也就是以国家安全需求来推动社会管理的加强和创新，以加强和创新社会管理来维护和拓展国家安全利益。

第二，对社会安全管理的研讨涉及方方面面的议题，我认为，首先应对社会安全形势进行总体评估，做出基本判断。在社会安全形势评估中，对我国在社会安全管理方面取得的成绩应予以充分肯定，对成功的经验应予以全面总结，对行之有效的做法应予以坚决传承。同时，也应关注和研究在社会安全管理中存在的问题。关于我国当前的社会管理形势，胡锦涛总书记明确指出："当前我国既处于发展的重要战略机遇期，又处于社会矛盾凸显期，社会管理领域存在的问题还不少。"探究矛盾、发现问题并不是要否定成绩、抹黑成就，而是为了更好地处置矛盾，解决问题，是为了更有针对性、更有实效性地防范矛盾的激化和问题的恶化。我认为，我们这届国家安全论坛应将更多的注意力放在探究矛盾、发现问题上，找出那些影响国家安全的主要矛盾及矛盾的主要方面，发现那些危害国家安全的关键问题及问题的关键动因，为进一步拟制对策提供坚实、有力、准确的依据。

第三，评估形势、探究矛盾、查找问题是为了拟制并提出对策，解决"怎么办"的问题。胡锦涛总书记就当前要重点抓好的社会管理工作提出的八点意见，是我们拟制对策的指导思想和指导方针。其中，"进一步加强和完善公共安全体系"以及"完善社会治安防控体系"、"完善应急管理体制"等，应该作为我们这届国家安全论坛的重要研讨议题，应该紧紧围绕这些议题，提出具有真知灼见的战略、策略和具体方针，拟制行之有效的对策。这些战略、策略、方略和对策，涉及各个层次、各个领域、各个方面，需要总体设计、系统运筹，更需要深入探究、缜密谋划。我们国家安全政策委员会作为国家安全问题研究的智库，这届国家安全论坛作为国家安全问题研究的平台，与会的各位专家学者作为国家安全问题研究的智囊，完全可以在探究、谋划、设计、运筹社会安全管理领域发挥重要作用。

各位领导、各位嘉宾、各位专家，以上我所讲的这几点看法仅供参照，大家可以围绕“社会管理创新与国家安全”这个主题，围绕“加强和创新社会安全管理”、“加强和完善公共安全体系”、“完善社会治安防控体系”、“完善应急管理体制”这些重要议题，各抒己见，知无不言，言无不尽。论坛结束后，我们将对大家的发言进行系统整理，编辑成册，作为本届论坛的一项重要成果。同时，我们还将根据大家的真知灼见，整编出一份研究报告，上呈中央及有关部门参考。我相信，在大家的大力支持和共同努力下，我们这届论坛一定会获得丰硕成果，而这些成果也一定会为我国国家安全，为我国“加强和创新社会管理”发挥重要的作用。

谢谢大家！

从国家战略的高度认识社会管理问题

——第十届中国国家安全论坛主题报告

全国政协副主席　李金华

中国政策科学研究会国家安全政策委员会已经连续10年举办专题论坛，引起了广泛的社会反响，并取得了许多成果，可喜可贺。今年中国政策科学研究会国家安全政策委员会和中国行政体制改革研究会联合举办、专题讨论“社会管理创新与国家安全”，很有意义。借这个机会，谈谈如何从国家战略的高度认识社会管理问题。

在今年省部级主要领导干部社会管理及其创新专题研讨班开班式上，胡锦涛总书记指出，社会管理是人类社会必不可少的一项管理活动。在我们这样一个有13亿人口、经济社会快速发展的国家，社会管理任务更为艰巨繁重。我们加强和创新社会管理，根本目的是维护社会秩序、促进社会和谐、保障人民安居乐业，为党和国家事业发展营造良好社会环境。以创新社会管理为题举办省部级主要干部研讨班，在我党历史上是第一次，这充分说明中央对加强社会管理问题十分重视，也说明这个问题十分重要。

改革开放以来，我国经济保持了30多年的高速增长，创造了“中国奇迹”，国力增强，人民生活水平大幅度提高，在社会管理方面也取得了重大成绩，建立了社会管理工作领导体系，构建了社会管理组织网络，制定了社会管理基本法律法规，初步形成了党委领导、政府负责、社会协同、公众参与的社会管理格局，我国社会大局总体稳定，社会形势总体是好的。但是近几十年的高速发展，也积累了不少社会矛盾，经济和社会发展“一条腿长，一条腿短”的状况并未得到根本改变。具体表现为城乡、区域发展不平衡不协调的问题依然突出。社会各阶层和群体之间利益冲突趋于明显，社会不公问题受到越来越多人群的关注。部分人民群众对党、政府许多政策和施政行为的不满情绪日趋高涨，群体事件多发、高发。据不完全统计，仅2010年一年全国各类群体事件就达数万起，说明我国社会管理的形势十分严峻，必须要将其放在国家安全的高度来认识和对待。

导致出现这一局面的原因很多，从客观上讲，它是我国“社会发展水平和阶段性特征的集中体现”。具体表现在：社会结构发生变化，阶层群体冲突加剧；社会更加活跃，其开放性、流动性带来的问题增多；社会诉求不断提高，维权意识更加强烈；社会出现价值真空，新价值观难以形成。从主观上来说，我们党和政府机关也存在以下几个不适应：一是党的工作重心长期放在经济建设上，偏重于GDP和效率提高，对保持社会公平认识滞后，因而不适应社会矛盾多发的转型社会；二是市场经济框架冲击了原有社会管理模式，目前社会管理的基本制度如法律、户籍等制度不适应经济基础的改变；三是我们的干部包括参与社会管理的人员存在着权力腐败，加之素质和能力较低，不适应复杂的社会矛盾和突发情况的挑战；四是国民德育缺失，“一切向钱看”破坏了社会诚信，造成了重利轻义的风气，不适应建立和谐社会的目标；五是受新媒体、新技术的影响，各种信息传播速度加快，而社会主流宣传的能力和水平不适应引导舆论、引导群众的新要求；六是国外政治势力借机加强思想渗透，提供各种支持，挑起社会动乱，而我们缺少应对机制，办法和手段不多，不适应国际政治斗争环境。除了上述六条以外，我们党、政、军、群、文、教、卫等多个机构和干部中，还有许多不适应的地方，如存在着重经济建设、轻社会管理，重传统管控手段、轻现代服务意识，重政府包办包揽、轻社会公众参与等倾向。因此，“加强和创新社会管理”是一个新课题，也是一个大课题。要解决好这个问题，不能仅仅局限在业务工作范围内动脑筋，关键要从国家发展、国家稳定的高度去认识和把握。

胡锦涛总书记就完善社会管理提出了8点重要意见。第一，切实加强党的领导，进一步加强和完善社会管理格局；第二，进一步加强和完善党和政府主导的维护群众权益机制，形成科学有效的利益协调机制、诉求表达机制、矛盾调处机制、权益保障机制；第三，进一步加强和完善流动人口和特殊人群管理和服务；第四，进一步加强和完善基层社会管理和服务体系；第五，进一步加强和完善公共安全体系；第六，进一步加强和完善非公有制经济组织、社会组织管理；第七，进一步加强和完善信息网络管理，提高对虚拟社会的管理水平，健全网上舆论引导机制；第八，进一步加强和完善思想道德建设。胡主席所谈的8条全面而深刻，我们要认真、全面地领会。

社会是由人组成的，强化社会管理，说到底是对人的管理。对以人为本、执政为民的执政党和政府来说，必须始终坚持切实贯彻全心全意为人民服务的根本宗旨，坚持人民主体地位，发挥人民首创精神，不断实现好、维护好最广大人民根本利益。坚持思想上尊重群众、感情上贴近群众、工作上依靠群众，把群众满意不满意作为我们工作的出发点和落脚点。要以人民群众利益为重、以人民群众期盼为念，着力解决好人民最关心、最直接、最现实的利益问题。也就是说，我们在完善和创新社会管理的工作中，要坚持大目标，要有大视野。要把加强社会管理和我们建设小康社会的总体目标，以及深化政治经济体制改革，坚持依法治国的方略，加强党的建设，建立核心价值体系等，统筹考虑，总体设计，而不能把社会管理问题仅局限在解决具体矛盾、冲突方面，而应该从党的宗旨、国家全局甚至国际政治的背景下考虑和运筹。

目前全球经济危机愈演愈烈，今年以来许多国家爆发了大规模社会冲突，有的甚至爆发为内战和国家间战争。在全球性危机的情况下，资本主义国家具有以邻为壑、转嫁危机的传统，我们把社会管理工作搞好了，就有利于抵御全球危机的冲击，抓住和用好我国发展重要战略机遇期。同时，未来 20 年，是我国全面实现小康社会的关键期，搞好社会管理，有利于实现党和国家的长治久安。我们说从国家战略的高度认识加强和创新社会管理，在当前环境下，最关键的就是要把握住全球危机背景和我国向小康社会全面进军的关键期，从国内和全球两个大局的结合上认识加强社会管理的重大战略和现实意义。

今天在座的许多同志是我国研究社会管理的专家、学者，对加强和创新社会管理有许多真知灼见，我相信通过此次论坛的交流，会有更多、更好的意见涌现。同时我还认为加强和创新社会管理是一项长期任务，不可能一蹴而就。希望我们在座的专家学者对目前全社会比较关心的理论和实际问题进行持之以恒的深入研究。比如，什么是社会管理，它的内涵和边界如何界定？当前加强和创新社会管理的主要难点和障碍在哪里？加强社会管理与深化改革的关系？国外社会管理有哪些成功经验值得我们学习和借鉴？如何建立健全全社会最基础的统一的信息体系（不仅仅是流动人口，特殊人群）？如何逐步建设一个诚信有序的社会？在我们国家建设公平社会的基本要求是什么？应急机制问题、基层政权建设问题、就业问题、非政府组织的建设和管理问题、进入老年社会遇到的社会管理问题、人口政策问题、提高全民族文明素质问题、信访问题，以及财税、金融、教育、医疗卫生、体育等方面的体制改革问题，如何建立加强和创新社会管理？如何坚持艰苦奋斗、勤俭节约、反对铺张浪费之风？我国应该建立起什么样的社会保障体系等等，都需要认真研究。我的发言只是抛砖引玉，供大家参考。

“社会管理创新与国家安全”讨论综述

中国国家安全论坛副主席　糜振玉

本届论坛的指导思想，就是贯彻党中央关于社会管理创新的方针政策，贯彻胡锦涛总书记在2011年2月省部级主要领导干部社会管理创新专题研讨班重要讲话的精神。与会专家学者都认为这个主题选得好，体现了党中央、国务院在新形势下加强社会管理的决策部署，顺应了我国当前社会各界的普遍关切，有着重要的意义。

这次论坛，分别从自然灾害、网络化、公共卫生危机、反恐、核辐射、水问题、城市公共安全、教育培训、国外社会管理等不同侧面，在理论和实践的结合上对社会管理问题进行了论述，给人以启迪。

早在SARS公共危机的第二年，2004年6月党的十六届四中全会就提出，要“加强社会建设和管理，推进社会管理体制创新”，“建立党委领导、政府负责、社会协同、公众参与的社会管理格局”。2006年10月，党的十六届六中全会通过的《中共中央关于构建社会主义和谐社会若干重大问题的决定》中，把“完善社会管理，保持社会安定有序”作为构建社会主义和谐社会的重大问题之一，强调健全社会管理格局，并指出了七个方面的实施要点。

2007 年 10 月 15 日，胡锦涛总书记在党的十七大报告中，专门阐述了“完善社会管理，维护社会安定团结”问题，提出要健全社会管理体制，最大限度激发社会创造活力，最大限度增加和谐因素，最大限度减少不和谐因素。特别是 2011 年 2 月 19 日—27 日，在中央党校举办了省部级主要领导干部社会管理创新专题研讨班。在班上，胡锦涛总书记发表了重要讲话，全面系统地阐述了社会管理创新的指导思想、总目标、总要求、时代背景、战略意义、根本目的、基本任务、社会管理的实质，并提出当前重点抓好工作的八点意见。正如李副主席讲话中所说的，以创新社会管理为题，举办省部级主要领导干部专题研讨班，在我们党的历史上是第一次。

2011 年 5 月 30 日，中央政治局又召开会议专门研究加强和创新社会管理问题，提出要坚持以人为本、服务为先、多方参与、共同治理、关口前移、源头治理、统筹兼顾、协商协同、立足基本国情、坚持正确方向、推进改革创新，更加全面系统的一整套方针原则。

2011 年 7 月 1 日，在庆祝党成立九十周年大会上，胡锦涛总书记在讲话中再次强调，要“全面提高社会管理科学化水平，确保人民安居乐业，社会和谐稳定”。

从以上简单的回顾中，可以看到这个问题对国家安全的重要性，以及党中央对社会管理创新的高度重视。这也是我们选择“社会管理创新和国家安全”作为本届论坛主题的原因。

本届论坛充分肯定了我们在社会管理方面的成绩，总结了成功的经验。两个主题报告讲得较充分。归纳起来：一是建立了社会管理工作的领导体系，构建了社会管理的组织网络；二是初步形成了“十六字”的社会管理格局；三是应急管理理念不断明确。坚持以人为本，把保障公民的生命财产放在第一位，坚持预防为主，预防与应急并重，常态与非常态结合。全国上下应对各种危机的观念明显增强；四是形成了“横向到边、纵向到底”的覆盖各类突发事件的应急预案体系；五是基本建立统一领导、综合协调、分类管理、分级负责、属地为主、全社会共同参与的应急管理体制；六是应急管理机制逐步完善。各类风险评估排查、监测、预警、预防、信息报告发布、应急处置救援、灾后恢复重建，以及舆论引导、军地协作等机制不断改进；七是初步制定了社会管理基本法律法规，国家颁布实施了突发事件应对法，各部门各地方制定有关应急管理法规和规章200多部；八是应急管理保障能力明显增强；九是应急管理科普宣教工作不断深入，社会应急管理理论研究日益深入，公务员应急管理教育培训不断发展完善。除国家行政管理学院外，10多个省市都建立了培训基地，不少大专院校开设了社会管理的课程，教育培训内容、方法逐步充实、完善，有的已经招收硕士、博士研究生。

在讨论中谈到的主要问题归纳起来：一是经济和社会发展，经济一条腿长、社会一条腿短的状况未得到根本改变；二是经济高速发展的同时，也积累了大量社会矛盾，城乡、区域发展不平衡、不协调依然突出，社会各阶层和群体之间利益冲突趋于明显，社会不公问题被越来越多的人群所关注和不满，群体事件增多；三是应急管理体系与复杂多变的公共安全形势还不完全适应。重经济建设、轻社会管理，重传统管控手段、轻现代服务，重政府包办包揽、轻社会公众参与的现象较为普遍。这些问题的产生，从主观上讲，第一是党和政府的工作重心长期放在经济发展上，对社会不公和贫富差距拉大对公众的影响认识滞后。第二是社会管理体制不适应经济基础的改变。第三是一些干部包括参与社会管理的人员素质和能力较低，甚至存在权力腐败。第四是国民德育缺失，诚信道德滑坡。第五是社会主流宣传的能力和水平，不能适应引导舆论、引导群众的要求。第六是对国外敌对势力思想渗透、物质支持、煽动社会动乱，缺少应对机制，办法、手段不多。从客观上讲是我国社会经济发展水平和阶段性特征的集中反映。我国处于社会主义初级阶段的基本国情没有变，人民日益增长的物质文化需求同落后的社会生产之间的矛盾这一社会主要矛盾没有变。发展中不平衡、不协调、不可持续问题依然突出。我们解决各种社会问题的物质基础还比较薄弱。社会结构变化，使各阶层各群体利益冲突加剧。

应急管理体系问题，主要是应急管理体制机制不完善，组织管理条块分割，权责脱节现象比较严重，跨部门、跨区域的综合应急监测预警体系和信息共享制度还没有建立起来。一是应急队伍建设规模、标准、专业水平还有待提升，应急保障能力比较弱，技术含量偏低；二是应急设施和救援装备难以满足实际需要，特别是巨灾防范应对能力亟待进一步提高；三是对全民的公共安全教育薄弱；四是应急管理人才不足，等等。

讨论中大家还提出了许多对策建议。李金华同志提出：第一，必须始终坚持切实贯彻全心全意为人民服务的根本宗旨，坚持人民主体地位，发挥人民首创精神，不断实现好维护好最广大人民根本利益。第二，坚持思想上尊重群众，感情上贴近群众，工作上依靠群众，把群众满意不满意作为我们工作的出发点和落脚点。第三，在完善和创新社会管理的工作中，要坚持大目标、大视野，不能把社会管理问题仅局限于解决具体矛盾、冲突方面，而应该从党的宗旨、国家全局甚至国际政治背景，统筹考虑，总体设计。魏礼群同志提出，要继续全面推进中国特色应急管理的“六个体系建设”，即：应急规划和预案体系建设、法律法规体系建设、监测预警体系建设、应急处置救援体系建设、应急保障体系建设、应急管理文化体系建设。

不少专家学者提出，第一，应急预案要演练。不演练不能成为预案；演练找不出问题，不能成为预案；找出问题不改进、不解决，不能成为预案。演练以提高“能力”为核心目标，以情景为导向，分类进行，强调针对性。第二，应急预案不能上下一般粗。预案编制基于风险，预案管理基于功能评估，预案演练基于发现问题。各种社会管理的应急机制、体制都应加强检验、评估、不断改进完善。第三，建立社会服务网络体系。第四，加强志愿者队伍常态化建设。第五，加强信息管理建设。第六，加强应急管理公共安全的普及教育。第七，加强公务员社会管理的教育培训。各省市、地区县都应建立培训基地，院校应设立社会管理课程。

有的学者建议：第一，国务院成立社会建设和管理委员会。经济建设的发展和改革，由发改委统筹协调管理。社会管理工作具有重大战略意义，要摆在更加突出的地位，强化政府负责的社会管理职能。第二，正如每年开一次经济工作会议，每年可召开一次社会建设和管理会议。第三，建立由政府主导、社会组织和公众参与的社会建设和管理评估机构。第四，对各种社会管理机制落实和实施情况，进行调查研究，不断改进。

全面推进中国特色应急管理体系建设

中国行政体制改革研究会会长　魏礼群

预防和应对各种公共危机，确保国家安全，是各国政府长期面临的共同课题。当今世界正处在大发展大变革大调整时期，各种传统的、非传统的安全威胁相互交织，经济、政治、文化、社会、自然等方面的公共危机和突发事件增加，人类社会进入公共安全问题多发的高风险时代。面对复杂多变的公共安全形势，各国都把建立健全符合本国实际的应急管理体系，作为化解各类危机、确保国家安全的重要举措。当代中国仍处于可以大有作为的重要战略机遇期，推进发展改革的有利条件很多，同时又处于各种矛盾凸显期，面临的安全风险和社会矛盾前所未有，应对各种危机和挑战的艰巨性、复杂性世所罕见。加快推进中国特色应急管理体系建设，全面提升防范和应对各种危机及突发事件的能力，尤为重要和紧迫。

党中央、国务院高度重视各种危机的应对和突发事件管理，特别是2003年初发生“非典”严重疫情以后，更加注重加强应急管理体系建设，在应急管理法制、体制、机制、能力建设等方面做了大量工作，不断总结实践经验，深入探索应急管理规律，使我国应对各种危机和突发事件的综合能力得到了显著提升。

一是应急管理理念不断明确。坚持以人为本、生命至上，把保障公民的生命财产安全放在第一位；坚持预防为主、预防与应急并重、常态与非常态结合，把加强应急管理作为全面履行政府职责、提高行政能力的重要方面。全国上下防范和应对各种危机的观念明显增强。

二是应急管理预案体系大体形成。从 2005 年国务院颁布《国家突发公共事件总体应急预案》以来，全国已制定各级各类应急管理预案 200 多万件，大体形成了“横向到边、纵向到底”的覆盖各类突发事件的应急预案体系。

三是应急管理体制基本确立。建立了统一领导、综合协调、分类管理、分级负责、属地为主、全社会共同参与的应急管理体制。各级党委、政府在预防和应对各类危机和突发事件中的领导责任及相关部门的工作职责不断明确。

四是应急管理机制逐步完善。加强了各类风险评估排查、监测预警预防、信息报告发布、应急处置救援、灾后恢复重建，以及舆论引导、军地协作等各个环节的工作，应急管理预防、处置等协同机制不断完善。

五是应急管理法制建设得到加强。国家颁布实施了突发事件应对法，组织制定了一系列配套法规，各部门、各地方制定有关应急管理的法规和规章 200 多部，为应急管理工作全面开展提供了法律依据和保障。

六是应急管理保障能力明显增强。各级政府加大了财政投入，加强了应急物资储备、应急科技研发、应急技术装备等各方面建设。全国上下形成了以公安、武警、军队为骨干，行业专业队伍为基本力量，企事业单位专兼职队伍和应急志愿者为辅助力量的应急管理队伍体系。

七是应急管理科普宣教工作不断深入。加快了国家应急管理人员培训基地建设，加大了应急管理知识和技能的宣传普及力度，全社会的安全防范意识和应急管理能力不断提高，初步形成了全社会共同参与防范处置各种危机和突发事件的良好局面。

总之，经过多年的努力，具有中国特色的应急管理体系初步形成，并在应对近年来发生的各类重大突发事件中发挥了重要作用，取得了显著成效，同时也积累了许多宝贵经验。

在充分肯定成绩的同时，我们也要清醒地看到，由于我国特殊的国情和发展阶段，目前的应急管理体系与复杂多变的公共安全形势还不完全适应，主要是：应急管理体制、机制不完善，组织管理“条块”分割、权责脱节的现象比较严重；跨部门、跨区域的综合应急监测预警体系和信息共享制度还没有建立起来；应急队伍建设规模、标准、专业化水平有待提升；应急保障能力比较弱、技术含量偏低，应急设施和救援装备难以满足实际需要，特别是巨灾防范应对能力亟待进一步提高；对全民的公共安全教育薄弱，应急管理人才不足等等。中国特色应急管理体系建设任重而道远。

全面推进中国特色应急管理体系建设，事关广大人民的福祉，事关和谐社会建设，事关国家的长治久安，是加强和创新社会管理的重点工作。同时，这也是一项复杂而又艰巨的系统工程；既是紧迫工作，也是长期任务；既要立足当前，又要着眼长远；既要坚持从我国基本国情和现实情况出发，又要大胆学习借鉴国外的成功做法和先进经验；既要勇于从理论上探索，又要敢于在实践中创新。当前和今后一段时期的主要任务应当是：以提高全社会应急管理综合能力为主线，以强化基层应急管理工作基础为重点，以健全突发事件预测预警预防体系、综合协调联动机制和社会矛盾化解机制为主要内容，大力推进改革创新、完善体制机制，加强能力建设，加快形成统一指挥、结构合理、功能完善、反应灵敏、协调有序、运转高效、特色鲜明的应急管理体系，使全社会预防各类风险和公共危机的意识明显增强，应对各种突发事件的能力和水平不断提高，为实现经济社会科学发展、维护国家安全提供更加有力的保障。具体地说，要继续全面推进“六个体系建设”。

第一，全面推进中国特色应急管理规划和预案体系建设。科学的应急管理规划和预案，是推动应急管理事业科学发展和确保应急管理工作有效开展的前提和基础。要着眼于促进科学发展和维护国家安全，抓紧制定全国应急管理体系建设中长期规划，地方各级政府也应制定这样的中长期规划。应急管理体系建设规划要与经济社会发展规划、城乡建设规划、社会建设规划等相衔接，重点加强应急能力建设，优化各类资源配置，制定支持政策措施，以有效发挥作用。要完善预案体系，规范预案编制、修订的程序，加强对预案编制的科学论证和实施检查，克服有些应对突发事件预案上下一般粗、相互之间照搬照抄、定位不准、衔接不紧、操作性不强等问题。要加快对国家各类专项预案及配套标准、规范的完善工作，特别要加强应急预案的评估、人员培训和实际演练，不断增强应急预案的针对性、可行性和实效性，避免有些应急预案不合乎实际或者形同虚设，公共安全事件发生后就手忙脚乱，随意决策和造成损失。

第二，全面推进中国特色应急管理法律法规体系建设。完善的法律法规体系是应急管理法制化的基础，也是应急管理工作得以有序有效开展的制度保证。要加快应急管理法律法规体系建设，健全公共安全领域的法律法规，根据各种不同危机和突发事件预防处置的需要，及时做好相关配套法律法规的制定、修订和完善工作，特别要通过立法进一步明确中央与地方在突发事件预防处置中的权责关系，以及各级政府和领导干部在应对和处置突发事件中的责任，为有序、有效、有力应对各种突发事件提供全面、系统、具体的法制保障。要严格执法，特别要认真抓好《突发事件应对法》等各项法律法规的实施，严格依法预防和处置各种公共危机和突发事件，依法规范各种应急管理行为，切实维护好广大人民群众的权益，使各种公共危机和突发事件的防范处置纳入法治化、规范化、制度化的轨道。

第三，全面推进中国特色应急管理监测预警体系建设。健全的监测预警体系是有效预防和应对各种危机和突发事件的关键环节。要坚决克服那种重事后处置，轻事前预测、预警和预防的倾向，应将防范安全风险的关口前移，按照预防为主、预防和应急并重、常态与非常态结合的原则，全面开展各种公共危机、突发事件和社会管理的风险评估，建立健全各种风险分级分类管理制度，加强对风险隐患及危险源的普查、监测和预警工作，落实风险排查、监测预警预防职责和综合防范处置措施，实现对各种危机、风险、隐患管理的科学化、规范化和常态化。大力推进“天—空—地—现场”一体化突发事件监测预警体系和群测群防体系建设，完善公共危机和突发事件信息报告和预警制度，提高监测报告和预警的及时性、规范性和科学性。加快推进国家和各级应急平台体系建设，合理布局各级各类突发事件监测系统，切实提高监测预警和风险识别、评估及防范能力。

第四，全面推进中国特色应急管理处置救援体系建设。完善应急管理处置救援体系，是有效应对各种危机和突发事件的重要任务。要进一步理顺行政应急管理体制，明确定位、规范职能，推进各地区、各部门以及高危行业大中型企业完善应急管理体制和工作机制建设，着力加强地方、部门、军队之间信息共享、协调联动机制建设。加强公共安全和突发事件应急管理指挥决策系统建设，进一步形成以国家和省级指挥平台为骨干，市、县级信息网络为支撑，具备指挥调度、现场监控、异地会商、全面保障等功能的综合应急指挥系统。切实加强各级各类综合应急救援体系建设，整合各方面资源和力量，积极构建覆盖国内外的安全保障体系，提升应急处置救援水平。特别要以社区、乡村、学校、企业等基层单位为重点，加大人、财、物投入，增强第一时间应对处置各类危机和突发事件的反应和救援能力，显著提高城乡基层的应急救援水平。

第五，全面推进中国特色应急管理保障体系建设。健全高效的应急保障体系是有效应对各种危机和突发事件的重要保证。要进一步加强应急物资储备和管理体系建设，优化应急物资储备布局，加强跨部门、跨地区、跨行业的应急物资协同保障管理。加强应急救援队伍体系建设，理顺体制，改善装备，强化培训，提高能力，进一步完善以公安、武警、军队为骨干和突击力量，以防汛抗旱、抗震救灾、海上搜救、矿山救护等专业队伍为基本力量，以企事业专兼职队伍和社会志愿者为辅助力量，各负其责、优势互补的应急管理队伍体系。要学习借鉴国外的做法，大力加强志愿者队伍建设，有效整合青年、社区、环保、红十字、医疗等各级各类志愿者资源和力量，建立健全相对统一的志愿者队伍协调机构，完善相关法律法规和激励支持政策，推动志愿者队伍建设的系统化、规范化、专业化和常态化及作用的发挥。以提高基层应急保障能力为重点，加大应急管理资金投入力度，建立政府、企业、社会各方面相结合的应急管理保障资金投入机制。加快建立国家巨灾保险体系，建立应急管理公益性基金。支持和鼓励应急管理企业和产业的发展，建立公共安全科技支撑体系，不断提高应对各种危机和处置突发事件的科技保障水平。

第六，全面推进中国特色应急管理文化体系建设。应急管理文化是应急管理工作的重要支撑。要大力推进中国特色应急管理文化建设，在全社会加大公共安全教育力度，加强应急管理科普宣传工作，深入开展各类应急预案、预防、避险、自救、互救、减灾等知识和技能教育，提高全社会的公共安全危机防范意识和能力。高度重视公共安全危机和突发事件的信息发布、舆情分析和舆论引导工作，建立健全媒体沟通协调机制、快速反应机制和舆情收集分析引导机制。全面加强应急管理教育工作，高度重视在各级各类学校进行公共安全教育，大力进行应急管理教育培训。积极开展应急管理国际交流合作，研究借鉴世界各国在应急管理体系建设方面的有益经验，积极宣传我国在应对各种危机和突发事件方面的政策措施和成功做法，在扩大国际交流合作中提高我国应急管理工作的科学化水平。

我国发展型新阶段的社会管理创新

中国海南改革发展研究院院长　迟福林

2011 年初，胡锦涛总书记指出：“当前我国既处于发展的重要战略机遇期，又处于社会矛盾凸显期，社会管理领域存在的问题还不少。从总体上看，我国社会管理领域存在的问题，是我国经济社会发展水平和阶段性特征的集中反映。”从我国的现实需求看，加强和创新社会管理的关键在于，客观把握我国发展的阶段性特征。

2007 年，我和我的同事提出，经过近 30 年的改革开放，我国已开始由以温饱为主要目标的生存型阶段进入到以人的自身发展为主题的发展型新阶段。我国发展阶段的突出特征，既反映了改革开放的历史性进程，又成为新阶段经济转型、社会转型、政府转型的历史新起点。在这个特定背景下研究社会管理创新，重在把握人的自身发展需求变化的客观趋势，寻求解决与此相联系的经济矛盾和社会风险，推进政策与体制创新，实现公平与可持续的发展目标。

一、公共需求变化与社会的突出矛盾

创新社会管理，首要的在于准确地把握新阶段经济社会发展的突出矛盾。我国由生存型阶段进入到发展型新阶段，尽管人们日益增长的物质文化需求同落后的社会生产之间的主要矛盾没有变，但是人们物质文化需求的内涵发生了重要变化。这就是公共产品短缺取代私人产品短缺成为经济社会发展的突出矛盾。它具体反映在：全社会的公共需求全面快速增长与公共产品短缺、基本公共服务不到位的矛盾日益突出。近年来，包括义务教育、公共卫生与基本医疗、基本社会保障、公共就业服务、基本住房保障、环境保护、公共安全等公共产品短缺的矛盾越来越突出。我的看法是，公共产品短缺的突出矛盾不仅是新阶段经济矛盾的重要表现，也是新阶段社会矛盾的聚焦点。

（一）公共产品短缺的突出矛盾是不是经济矛盾的重要表现?

全社会公共需求的变化将带来需求结构和供给结构的变化，并导致原有经济结构不合理的矛盾日益凸显，由此形成新阶段经济转型的巨大压力。以我国投资与消费失衡的矛盾为例，这一矛盾在很大程度上是由于公共产品短缺影响了广大城乡居民的消费能力，降低了他们的消费预期。为此，推进以消费主导的结构性调整和改革，应当成为我国经济发展方式转变的战略重点。

（二）公共产品短缺的突出矛盾是不是开始成为社会矛盾的聚焦点?

以 2011 年甘肃正宁县的“11・16”校车交通事故为例，这一事故之所以引起全社会的关注，就在于它反映了我国基础教育公共产品短缺的现实。再以医疗暴力事件为例，按照卫生部统计资料，2006 年全国医疗暴力事件共发生 10248 件，到 2010 年陡增至 17243 件。医疗暴力事件频发，不仅反映了社会道德建设方面的问题，更反映了医疗改革不到位、尤其是基本医疗公共产品供给短缺的突出矛盾。由此看来，新阶段日益增多的社会矛盾和社会风险，在一定程度上同公共产品短缺、基本公共服务尚不到位相联系。

（三）公共产品短缺的突出矛盾有没有可能成为引发社会矛盾的导火索？

从国际经验看，在拉美许多大城市的贫民窟，由于严重缺乏公共产品供给，导致黑社会控制、暴力活动猖獗。从我国的情况看，公共产品短缺涉及到多数人的自身发展需求，联结城乡，涉及到千家万户的利益，容易引发社会情绪和社会共鸣，容易成为群体性事件的导因。与一般的群体性事件相比，因公共产品短缺直接或间接导致的社会矛盾量大面广，而且伴随着社会对政府的某些不信任与抵触情绪，它很容易成为新阶段群体性事件、突发事件的缘由。

进入发展型新阶段，加强创新社会管理面临着新挑战、新压力。这就需要把创新社会管理与建立公共服务体系相结合；把化解社会矛盾与加大公共产品供给相结合；把公共产品供给的政府主导与社会协同相结合，由此探索发展型新阶段社会管理创新的有效途径。

二、社会协商与公共治理

我国进入发展型新阶段，利益主体多元化、利益主体分化是一个大趋势。而且，随着经济社会发展，这一趋势仍在逐步加大。应当说，当前经济转型的难点在于协调利益关系，社会管理最难的地方也在于协调利益关系。为此，调整社会利益关系，提升公平正义的能力，是发展型新阶段社会管理创新的重大课题。

（一）如何客观估计利益表达机制、诉求机制的公共需求？

进入发展型新阶段，各利益群体的进一步形成并相对固化，是一个客观现实。与此相联系，基于利益关系的社会矛盾和社会冲突将逐步增多。在这个特定背景下，应当承认，利益表达和利益诉求开始成为全社会一种新的公共需求。基于这个判断，需要做出利益表达的制度安排，从而将利益表达纳入制度化、规范化的轨道。目前的突出问题是，我们对利益表达和利益诉求是不是一种公共需求还缺乏足够的估计，在制度设计上还严重缺位。为什么因利益表达、利益诉求渠道不畅通引发的群体性事件逐步增多？为什么某些利益相关者想把事情闹大？其中的原因之一，就在于尚未有比较畅通的利益表达的制度化渠道。应当看到，社会利益诉求和表达需要“出气口”，需要“减压阀”，需要构建制度化、规范化的表达渠道，以引导社会利益的表达行为。为适应这种社会公共需求的变化，我认为十分有必要把“排气”和“减压”的“减压阀”系统建设作为新阶段社会管理创新的一项公共产品。

（二）如何充分估计建立社会协商对话制度的重要作用？

利益协商机制，指的是在利益诉求明确表达的基础上，沟通协商对话渠道，建立对话和谈判协商制度，并成为公民表达诉求、维护自身权益的制度安排。在利益主体分化、利益表达诉求增多的背景下，应当把社会协商对话作为社会管理创新的主要制度安排。总体上说，当前多数的群体性事件大都基于利益诉求，是可以通过社会协商对话机制进行利益协调得到妥善解决的。为此，要通过有组织、有序、制度化的谈判协商协调具体的利益关系。以劳资关系为例，工会在劳资协商中的重要作用尚未有效发挥出来。由此，需要从基层做起，建立社会协商制度，使其成为化解社会矛盾的基本制度和重要渠道。

（三）如何把加快建立公共治理结构作为社会管理创新的重要目标？

利益表达、社会协商、公众参与的目标是形成完善、有效的公共治理。为此，新阶段创新社会管理，应当规范发展多种形式的社会参与。例如：健全信息公开、听证、检举等公共参与制度，建立各类群体与政府、公共领域的沟通渠道，使之成为各利益主体进行利益协调的主渠道。吸收不同群体代表加入各类公共组织，在公共政策的制订和执行中，保证其话语权和参与权。笔者认为，在这个问题上，还需要适应发展趋势，进一步解放思想。

处在发展型新阶段的社会转型，社会矛盾与社会风险因素增多是一个客观趋势。由此，社会管理创新要“化大寓小”，局部的“小乱”难以避免，这是我们不得不面对的社会现实；社会危机管理重在将“大乱”化解于“小乱”之中，防止全局性社会问题的发生。社会管理的重要任务，在于不能将社会矛盾积累起来，使“小乱”变成“大乱”。这就需要加快建立社会协商对话机制，加快建立完善的公共治理结构。

三、民间组织的发展与社会安全

在利益主体和社会结构多元化已成为基本现实的背景下，民间组织的发展是一个客观趋势。如何使民间组织能够反映“社会协同、公众参与”的要求，在协调利益关系中扮演积极角色，是社会管理和社会安全的重大课题。

（一）如何充分发挥民间组织在公益性服务中的作用？

在公共产品短缺成为新阶段经济社会发展的突出矛盾的背景下，强调政府在公共服务供给中最终责任的同时，也应当看到，相当多的公共服务，比如慈善事业、艾滋病防治、公益性文化等许多事情可以通过民间组织、在基层和社区就能够得到解决。适应公共需求全面快速增长的客观形势，把农村基层自治组织和城市社区打造为基层公共服务平台，大力发展专业化、公益性服务的民间组织，能够解决基层多样化的公共服务需求，并由此化解社会矛盾和社会风险。

（二）如何有效发挥民间组织在保护弱势群体利益表达中的作用？

由于弱势群体缺乏利益表达的资源和平台，其利益遭受侵害的问题比较突出，由此引发的群体性事件逐步增多。我的看法是，协调利益关系的突出矛盾是保护弱势群体的利益，保护弱势群体利益的关键在于积极规范地提高其组织化程度。

(三) 如何规范发挥民间组织在协调利益关系中的作用?

近年来，有些地方由于经济利益关系处理不当引发的社会矛盾和冲突，往往与当地政府直接介入具体的经济活动、充当一方利益主体的代表有直接关系。由此可以看出，各级地方政府从具体的经济活动和利益中摆脱出来，根据利益关系变化的客观要求，规范地发展各类民间组织，有利于解决错综复杂的社会矛盾，有利于实现社会稳定。从总体上说，在我国社会矛盾尚不大可能转化为政治矛盾的前提下，积极规范地发展民间组织，有利于通过利益的表达和博弈来化解社会矛盾，形成社会管理和社会均衡发展的合力，更好地建设和谐社会。

从我国现实情况看，有组织的理性比非组织的个人行为更有利于社会和谐与社会稳定。有组织就可以谈判、协商，规范发展民间组织，形成在党和政府领导下的协商对话机制，远比非理性的个体行为要规范得多、好得多。“社会协同、公众参与”重在实现有组织的协商对话，防止无组织的对抗。当然，这取决于制度与法律的安排。汪洋同志前几天在广东省体制改革工作会议上说了这样一句话：政府要舍得向社会组织“放权”，敢于让社会组织“接力”。如果政府能够将自己做不了、也做不好的事情交给民间组织去做，利益矛盾不仅不会向政府集中，而且政府还能够超脱具体利益关系，有效地发挥利益矛盾协调的主导作用。

突发公共安全事件及社会救援服务体系建设

中援民兴安全科学技术研究院院长　何钟琦

一、突发灾害事件的时代特征

（一）全球性特点

各种类型重大突发灾害事件的全球性群发、并发和频发是近年灾害活动的新特点

（二）“地球结构失调”性灾害突发进入高峰期

1. 地壳深层：岩浆异常涌动、火山喷发频发；

2. 地壳浅层：地壳断层、走滑、抬升、地震、地磁与地热变异；

3. 地壳表层：滑坡、泥石流、塌陷、冒水、喷气、干旱；

4. 生物圈：森林火灾、生态变异；

5. 水圈：洋流变迁、洪水激涌、冰川融化、海啸、赤潮、海面上升；

6. 大气圈：环流紊乱、气候异常、台风、暴雨、冰雪、酷热、大雾。

7. 地壳的变异传递到外层的流体圈后，其效应被多倍放大，形成各个层圈灾变的全球性同步特点，表明地球整体结构已步入失调期，灾害的类型、规模、强度、广布与持续性都是空前的。

（三）自然灾害与人为灾害混发、高发形成复合型灾害系统

1. 在经济、技术、文化全球化的背景下，自然灾害后果向全球经济、社会传递、扩散及其与人类工业技术灾害的耦合，使其影响远远超过灾害自身，形成跨越“天、地、人”三界的复合型灾害系统；

2. 随着我国阶层、城市与社会结构快速变化的进程，面对全球性复合型灾害系统的规模性递增，完善、健全国家应急体系，提高对突发公共安全事件的应急综合能力，做好“防大灾、应大难”的预防和准备成为十分重要的任务。

二、加速社会救援服务体系的建设

在党中央和国务院领导下，我国应急体系已基本形成，突发事件的预防、应急准备、安全预警、应急处置、恢复重建和应急保障等方面的能力显著提高。但“政府主导、部门协调、军地结合、全社会共同参与”的应急管理工作格局尚未构建完善。

现阶段我国处于经济转轨、社会转型、经济体制和社会结构深刻变动，利益格局深刻调整、思想观念深刻变化的新时期，同时也面临全球性复合型灾害挑战，社会公共安全不容乐观。

社会公共安全就是社会公众生命、财产、生存条件的安全。

解决好“全社会参与的应急管理体系”既是一项重大的社会管理创新，同时又是一个重大的安全战略问题。

（一）社会救援服务体系

社会救援服务体系的功能本质就是一个社会公众的灾难自救互救体系。

它应具备如下主要特征：

1. 政府应急管理体系与社会救援服务体系是两个平等共存、共治的主体。这两个体系共同构成完整、完善的国家应急体系。

2. 政府应急管理体系是国家主要支撑体系，社会救援服务体系是前者的补充、匹配体系。

3. 体系建设以政府为主导，以社会组织、基层社团、社会公众为主体，对不同价值观念、利益诉求的多元主体包容共处、自治自律。

4. 在国家法律、法规、政策框架内，引入民间社会自治与自救机制。

5. 针对政府应急救援领域内政府职能低效、失效、空缺的业务环节开展社会应急服务工作。

6. 按政府与社会平等互动、共治原则，通过政府对社会组织的第三方委托服务方式，广泛动员、协调、整合全社会应急资源。

7. 实现国家公共安全的应急效果、效率和效益的最大化。

（二）体系建设的几个关键问题

1. 加速对社会救援服务体系和法律、法规、相关政策的建设

（1）政府主导作用是构建社会救援服务体系的前提条件。在政府主导下做好社会服务体系建设的顶层设计，制定政策，提供

支持。

（2）政府应急管理体系中应设立指导、协调、监管社会救援服务体系建设的独立业务机构。

（3）大力推动社会力量参与应急管理工作。制定规范的主体条件、组织形态、权利义务、法律监督等。

2. 建设社会救援服务联盟网络体系

（1）由政府、社会组织、社会公众形成多主体、跨组织、跨地域、跨部门的社会救援服务体系。其结构框架应与属地为主的政府应急管理体系匹配，其组织形态应是由国家层面下延至与各层级政府相匹配，并立足于基层社团和不同救援功能组织协调统一的合作联动、联盟体系。这个极其复杂、庞大的社会管理创新工程系统的建设，必然要经过研究、实验、分层次、分部门、分类别逐步选择验证、示范、推广的过程。

（2）现阶段可以在政府领导下，围绕我国“十二五”期间社会公共安全规划任务，以“合作联动联盟”的组织形式对现有社会救援服务组织的功能、资源和能力进行统一的协调、整合，制定出切实可行的分工协调方案，形成体系建设的起点。

（3）“联盟”的主要功能是建立政府与社会组织及社会组织内部有代表性、权威性主体之间的制度化沟通、协调关系。消除原有体制造成的沟通与合作障碍，通过统一规划，分工、分权、分责的途径，在如何提高综合应急能力，凝聚合成力，降低运作成本等方面取得共识，达成合作联动协议。

（4）在共同协议中应明确各类社会组织形态、主体资格、权利义务、经济财产和法律责任。

（5）建立在科学的灾害应急评估基础上的应急预案，是政府与社会联盟和联盟内部各类组织的救援服务的基本依据和共同的行动纲领。

（6）我国应急体系包含应急管理、应急指挥调度和应急保障三大部分。社会救援服务联盟的主要任务就是以应急预案中的应急保障需求为依据，通过覆盖全社会救援网络、动员全社会应急资源，弥补政府应急保障的不足。

（7）联盟网络体系一方面指“联盟”的组织架构的形态，另一方面指“联盟”必须运用现代计算机网络、新媒体技术为支撑，构成政府与社会互动的信息网络服务体系。在社会应急资源的动员与保障方面实现基层志愿者服务系统能全面真实地采集并上报这些应急源头信息，传至网络顶端后，并从顶端获取可满足不同层级、类别应急人员协同共享的应急信息。

3. 加大政府投入、建立社会救援基金

（1）社会救援服务体系建设需要大量的投入。加大政府财政投入主要是解决社会组织的建设、运行和推进性支出，以及对体系建设必需的基础设施和服务项目的投入。

（2）政府通过税收、财政政策鼓励社会资本参与社会救援服务事业。

（3）除政府投入外，建立全国性社会救援公益基金是社会救援服务体系建设、发展的另一个有效支撑。

（4）社会救援公益基金最主要的任务是建立一套有效、专业的支撑服务系统，因为社会救援服务是一项涉及全国、全民、全社会的大事业，重大灾害需要全社会的共同参与。

（5）社会救援服务覆盖面广，可设立若干分基金（如生命安全健康、培训教育、社会救助、道路救援等）。

（6）基金的募集渠道对象主要是国内外企业、慈善机构和个人的公益捐赠。

4. 人才培训、教育

（1）社会救援服务体系建设的成效在很大程度上取决于能否

通过培训与教育拥有大量职业化、社会化、专业化，优秀的社会救援管理和服务的人力资源。

（2）体系建设需要：综合性、专业性、管理性人才，以及志愿服务组织的管理和专业人才。

（3）社会救援服务队伍的培训应按分类指导、分层设计原则，建立社会救援人才培训的组织体系、课程体系、师资队伍管理体系，培训绩效评估体系和培训资金与基础设施保障体系。

（4）培训在内容上以社会救援管理基础理论、知识、技能，多元主体、多元组织的沟通、协调、管理能力，社会公众和志愿者的教育培训等作为重点内容。

（5）明确社会救援教育培训经费投入主体。

5. 志愿者服务组织

（1）以自愿、自主、自治原则建立的社会救援志愿者服务组织是社会救援体系的基点和开展社会救援活动的主力军。

（2）我国志愿者服务在重大突发事件中都发挥了积极、显著的作用，但它尚处在遇事则聚、事后即散的群众自发阶段。

（3）基层居民社区、功能社区的各类志愿者服务社团是应急救援志愿者的基础组织单元。但它们被纳入社会救援服务体系之内，才能有序、有效、可持续地发挥更大的有导向的应急救援服务功能。

（5）在社会救援服务体系中必须建立对志愿者的组织管理与统一协调机构，负责对志愿服务社团和个人进行科学分类、分工、组织管理、资源配置、业务支持与保障。进行统一协调调度，监督与考核。

（6）为提高志愿服务社团、个人的应急能力建设、满足应急需求，社会救援服务体系内应建立志愿者专项培训机构，建立长效、规范的培训制度并提供保障条件。

（7）现阶段可在基层社会管理机构主导下，委托红十字会等相应协会，与社会组织承担在政府资助下的培训与宣传任务。

6. 促进应急产业的发展

（1）应急产业是社会救援服务体系建设和可持续发展的重要支撑。应急产业指以社会资源为基础，以公益性与商业性相结合的新公益运作方式，从危境救命、险境救援、困境救助三个应急救援业务层次及其相应的各业务环节，所需要的应急保障资源涉及的产品研发、生产、营销、提供服务的各类机构、组织、企业等主体所从事的经济活动总称。

（2）当今高度风险社会对安全需求认知程度越来越高，基于新的公益观念的产业推动经济与社会发展。它在内涵上覆盖了第一、第二、第三产业。其次，应急产业是基于新公益观念的产业。新公益产业是以市场规律的视角，企业化运作的模式，在满足传统公益活动效果前提下，激活公益资源的效率与公益性，使传统公益资源“增值”，提高公益资源的自身可持续积累发展的能力。以上两点是应急产业与一般行业相比的主要不同之处。

（3）基于新的公益观念推动社会公益事业的产业化运作将促使规模市场的形成，它必将促进应急知识、技术装备、培训教育、应急资源、金融服务、社会救助、应急工程、服务业的发展，从而使应急产业不断丰富、完善，提升社会救援服务体系的内涵和能力。

（4）应急产业的发展必将推进政府应急管理能力和社会救援服务能力与效率的提升。我国应急装备落后、科技含量不高、标准化程度较低、专业应急人才缺乏，降低了应急预防处置、恢复的能力与效率水平。

（5）应急产业的主体是企业。聚集大量应急资源的企业是社会救援服务组织体系的基层单元。社会救援服务体系的建立，为应急资源需求方的政府和供给方的企业搭建了一个有序、有效，协同合作的“桥梁”。

（6）应急企业不是一般的行业企业，承担社会公益责任是它突出的特征。政府给予应急企业特殊优惠政策的同时，应提高其市场准入门槛，实施严格的监管制度。在保证企业合法合理利润前提下，应提取支撑社会救援服务体系建设的公益基金。

（7）企业应急管理的建立，在增强企业自身应急能力的同时，一方面成为政府应急管理体系的有效组成部分，另一方面也强化了社会救援服务能力。在专业志愿者服务组织建设与培训、应急服务以及应急宣传、教育、资金支持等方面，企业将发挥举足轻重的作用。

国家安全危机管理的理论探讨

国防信息学院教授　牛　力

国家安全危机，是对国家主权和领土完整或对社会稳定造成严重威胁，对人民生命财产造成严重伤害并可能使国家卷入军事对抗的突发事件。进入新世纪以来，随着世界战略格局向多极化方向重组演变的急剧动荡，民族矛盾、领土纠纷和宗教冲突等问题进一步激化、尖锐，全球范围内介于和平与战争之间的军事危机频繁发生，军事危机已成为危及人类和平与安全的突出问题。对我国而言，与邻国历史遗留的陆上边界争端仍未解决，海洋权益面临着新的挑战，民族问题蕴藏危机，祖国统一大业面临威胁，特别是在崛起安全困境加剧的背景下，导致军事危机发生的因素很多，从而使如何应对国家安全危机，特别是军事危机成为维护国家安全经常面临的重大课题，也就使国家安全危机管理，成为维护国家安全需要经常实施的重大实践课题。

国家安全危机管理，是国家监测、预报危机的发生、控制和消除危机所造成损失的实践活动过程，是为防止局势长期恶化乃至引发战争，而对危机进行预防、决策、应对、解决、后续处理的整个过程。正确实施国家安全危机管理，需要科学的理论指导。本文试以新中国成立至20世纪70年代毛泽东指导国家处理军事危机的历史实践为依据，探索国家安全危机管理的基本理论。

一、把握利益平衡是国家安全危机管理的核心要素

国家安全危机的实践表明，利益争端是诱发危机的根源，这就使得在利益博弈中巧妙地把握利益平衡成为危机管理的核心要素。把握利益平衡要求我们必须在坚持国家根本利益不容侵犯的前提下，与对方广泛寻求共同利益点，并在局部利益上保持高度灵活性，按照利益兼顾的原则，求同存异，谋求互谅互让，在使对抗双方寻求到相对满意的利益平衡的情况下，实现危机的化解。

例如，1969年3月，中国和苏联边防部队在中国黑龙江省珍宝岛等地接连发生武装冲突。事件发生后，不仅边界地区的局势更趋紧张，而且苏联领导人和其军事首脑不断放出战争威胁的言论，向中苏边界调兵遣将，甚至发出进行“毁灭性核回击”的叫嚣，两国关系呈剑拔弩张之势。面对这一紧张局势，毛泽东认为，苏联把中国当作主要敌人，对我国安全的威胁很大，我们必须做好战争准备。但从国家利益较量的高度看，面对中国这样一个拥有七亿人口和数百万军队的大国，苏联不能不慎重行事，而且苏联已经看出美国意欲同中国接近的苗头，它害怕美国利用中苏矛盾打破苏美战略均势。因此，苏联领导人有通过谈判缓和局势的愿望。与此同时，正处于文革动乱的中国既不希望边境冲突

升级危及自身的安全，也希望通过中苏谈判加速中美和解的进程。正是在客观分析中苏国家战略利益平衡点的基础上，当苏联部长会议主席柯西金提出希望在河内参加胡志明主席丧礼后途经北京同中国领导人会面的要求后，毛泽东果断决定同意两国政府首脑在中国首都机场进行会谈。在周恩来与柯西金的会谈中，根据中国方面的倡议，双方经过协商，一致同意：长期悬而未决的中苏边界问题，应该在不受任何威胁的情况下，通过和平谈判解决；在解决问题前，双方采取临时措施，维持边界现状，避免武装冲突。这次会晤对于缓和中苏之间一触即发的紧张局势，减少两国因某些突发事件导致大规模武装冲突的危险，产生了积极的作用。

在当今国际关系中，国家利益的相互性、共同性与合作性日益显现，过去那种以武力对抗来处理危机的方式越来越不被国际社会所认同，逐步代之以对话和政治外交解决，这为在把握利益平衡基础上，通过谈判化解危机提供了更多的机遇。在这样的时代背景下，按照利益兼顾的原则，要使对抗双方寻求到相对满意的利益平衡，达到求同存异，互谅互让，实现危机的化解，应注重把握三点：一是善于按照不同层次区分国家利益。即哪些是不可谈判的利益，哪些是可以让步和妥协的利益，依据利益等级决定国家危机处理的基点；二是善于权衡利弊。即正确处理国家核心利益与一般利益、当前利益与长远利益的关系，充分评估危机升级与化解、战与和的效费比，趋利避害、因势利导，适时调整危机管理的策略；三是善于抓住双方利益的平衡点。即避免追求“全胜”的思维，努力寻求共同利益，实现在相互让步中维护自身利益并化解危机。

二、营造有利的军事态势是国家安全危机管理的物质基础

国家安全危机的实践表明，强大的军事实力是军事危机管理控制的物质基础和坚强后盾。实力强的一方容易主导危机发展趋势，实力差的一方在军事危机面前往往难以控制。营造有利的军事态势要求我们不仅要积极发展和积蓄军事力量，而且要善于使用军事力量显示敢于斗争的决心、意志、能力，有效威慑对手，这样才能为用政治、外交方式化解危机提供强有力的支撑。

例如，在1950年朝鲜半岛危机中，美军不顾中方一再警告，肆无忌惮地越过三八线，扩大侵略行动，主要是因为美国当局轻视新中国的实力，忽略了以毛泽东为代表的中国共产党人捍卫国家利益的决心和意志。而朝鲜战争之后的1958年台海危机和1965年越南半岛危机时，美国之所以表现得较为谨慎，没有使危机升级为中美之间的战争，一个很重要的原因，就是抗美援朝战争显示了新中国不断崛起的强大实力，显示了中国军队强大的战斗力，展示了中国政府“言必信、行必果”对外说话算数的大国形象。

当今世界国家间的竞争，主要是综合国力的较量。在国家安全危机应对管理中，归根结底要靠实力说话。江泽民指出，我们反对在国际事务中搞实力政策，但我们自己必须有实力。因此，提高综合国力，加强武装力量建设，时刻保持强大的军事威慑，是在国家安全危机管理中防止危机升级的根本保证。营造有利的军事态势，应着重把握三点：一是要积极发展“杀手锏”装备。即在全面发展综合实力的基础上，有重点地发展针对不同危机地

域作战需要的、能在关键时刻威慑对手的“杀手锏”装备。当前，我国发展航空母舰，必将对海上安全危机管理发挥战略支撑作用；二是要善于针对军事危机造势。即灵活运用武器装备试验、军事演习、军事部署调整、军方领导人或发言人表态等方式，表明我应对危机的决心和能力，震慑对手，使其认识到危机升级将遭受不可挽回的严重后果，从而愿意通过谈判化解危机；三是要具备应对危机升级的能力。危机管理控制能力取决于应对危机升级的能力，有充分的准备和有足够的危机升级能力，并能使对手在危机升级后遭受更大的损害，才能有效地控制危机的进一步升级。

三、适时沟通信息是国家安全危机管理的重要手段

国家安全危机的实践表明，信息沟通对于控制国家安全危机升级有着十分重要的作用。因为及时、客观、全面、准确地了解危机发生、发展的相关信息，是正确实施危机管理控制的前提。清晰的信息传递有助于消除误会，避免因信息不通或模糊而导致对危机的误判。适时沟通信息，既包括适时地把我方坚决维护国家利益的决心与可能的行动传递给对手，防止其误判；也包括适时地了解对手制造危机的态势和企图，防止自己误判。为此，必须充分利用各种信息手段和渠道，采集和沟通有关危机的各类信息。

例如，在1950年朝鲜半岛危机中，美军悍然越过三八线固然是美帝国主义侵略本性所决定，但也与中美之间缺乏有效的信息沟通有着重要关系。这一方面，是美国当局轻视中国的实力，

认为中国发出的警告只是虚张声势；另一方面也与信息传递渠道以及信息清晰度有关。战后，美国学者研究认为，北京在决定出兵朝鲜之前“曾向华盛顿发出信号：中国不会袖手旁观。但这些信号不够大声和清晰。印度驻华大使向美国传达了中国的担心和出兵的决心，但没有被美国认真对待。部分原因是印度大使被认为是倾向中国的，因此是不可靠的。周恩来坚定的公开声明和警告被看成是影响联合国讨论的企图，而并未被看作是中国意图的严肃证据”。美国有的官员还认为：“假如中国政府当时公开宣布：如果美军越过‘三八’线，中国将出动50万军队入朝作战。那么美国就不会入侵北朝鲜了。”正是有了这次惨痛教训，后来在越南战争期间，中国再发出类似警告时，美国的约翰逊总统马上表示他“相信中国共产党说的话”，就再也没有让其地面部队越过十七度线。也正是有了这次教训，在此后处理台海危机和中南半岛危机中中美双方都十分重视向对方传递信息，从信息的设计到传递者的选择，都有极强的坚定性和清晰度，从而成功地避免了中美战争的爆发。

当今世界已进入信息时代，信息传递的手段众多，国际关系交往的渠道众多。这些，都为国家安全危机中的信息沟通提供了便利的条件。在此基础上，为了预防和解决未来可能发生的军事危机，我们在信息沟通上应注意把握以下三点：一是充分利用各种信息手段和宣传媒体，准确清晰地向危机对手传递涉及军事行动的信息，充分表达我方维护国家利益的坚强决心；二是充分利用官方和非官方渠道与危机对手进行信息沟通，使对手准确理解我方决心和意图，防止其误判我方意图；三是运用各种手段及时进行危机信息的搜集、评价和分析，摸清危机对手行动意图，特别是在理解对手信息时，要考虑文化背景的差异，避免对对手的信息造成误判。

四、争取广泛的舆论支持是国家安全危机管理的重要内容

国家安全危机的实践表明，广泛的国内外舆论支持对国家安全危机的化解有着重要的促进作用。得道多助，失道寡助。在国家安全危机中，广泛的国内外舆论对我国的支持，不仅能增强我国解决危机的信心和力量，而且能提供化解危机的多种渠道和手段；与此同时，也给危机对手增加了巨大的压力，使其陷入极大的被动之中。因此，应当把争取广泛的舆论支持作为国家安全危机管理的重要内容，善于借助国内外的舆论力量来争取和把握危机处理的主动权。

例如，20 世纪 50 年代两次台海危机的最终缓和，与外交斡旋有重要关系。第一次台海危机中，中方通过各种渠道特别是万隆会议，向周边国家阐明中国的政策，表明中国愿意和平解决台湾问题的原则立场，赢得参加万隆会议国家代表和国际舆论的普遍欢迎；中方不失时机地提议和谈，并主动释放 4 名在押的美国飞行员，表明中国的和平诚意；在强大的国际舆论压力下，在多国政界人士的外交斡旋下，中美大使级会谈终于于 1955 年 8 月初在日内瓦举行，使这场危机得到缓解。第二次台海危机中，毛泽东正确及时地估量形势，把炮击金门变成政治仗，充分利用美蒋矛盾，决定暂时维持金、马现状，把解放金、马同解决台湾问题作为整体加以考虑，不让美国从金、马脱身，不仅挫败了美国企图制造“两个中国”的阴谋，并且使美国干涉中国内政的行为更加清楚地暴露在全世界人民面前；加上苏联对美国施加一定的压力，在一定程度上动摇了美国升级危机的决心，从而使危机得

以缓解。

当今世界，随着全球化进程的加速发展，国家安全危机的进程和结局受国内外环境的影响越来越大。这对我们在应对未来可能的国家安全危机中善于利用国内外舆论影响，把握危机管理控制的主动权提出了更高的要求：一是在和平时期要广泛加强和平外交，增强国际安全对话与合作，营造有利于已的安全环境，打牢争取国内外舆论的坚实基础；二是积极构建有利于促进地区稳定的双边或多边政治、外交和军事磋商机制，充分发挥其在化解国家安全危机中的重要作用；三是在国家安全危机发生后要善于运用各种媒体进行广泛的宣传报导，正确引导国内外舆论，凝聚国内外各阶层力量，对危机对手形成强大的国际舆论压力，促进危机的转化。

五、完备的法律体系是国家安全危机管理的重要保障

国家安全危机的实践表明，将国家安全危机管理控制纳入法制化的轨道，有利于保证突发事件应急措施的正当性和高效性。因此，完备的法律体系是国家安全危机管理的重要保障。国家安全危机管理控制的法制化，就是平时通过立法来界定政府机构在应对国家安全危机紧急情况下的职责和权限，在国家安全危机发生时，国家政府机构就可以依据相关法律合法高效地实施危机管理控制。

例如，美国先后制定了上百部专门针对自然灾害和其他紧急事件的法律法规，形成了以《国家安全法》、《全国紧急状态法》和《反恐怖主义法》为核心的危机应对法律体系。俄罗斯建立了

以《俄罗斯联邦紧急状态法》、《俄罗斯联邦战时状态法》为核心的国家安全法律体系。日本则有《灾害对策基本法》和《武力攻击事态对应法案》等近40部国家安全法律。法律体系在应对各类危机事件中发挥了显著作用。

当今社会已进入依法治国的时代。为了使国家安全危机管理建立在制度化、法律化的基础上，真正做到有法可依，必须不断完善危机管理法律法规体系。应当肯定，这些年我国已经制定了《中华人民共和国戒严法》、《中华人民共和国安全法》、《突发事件应对法》、《大型群众性活动安全管理条例》等危机管理法律法规，使各类危机管理有了法律依据。但有些法律尚需继续完善，如《反分裂国家法》虽然使反分裂斗争特别是反“台独”斗争有了法律依据，但缺乏一个预警、准备、反应和恢复的总体机制。当这类危机发生时，政府只能意识到这是一场危机，但对如何应对则缺乏具体规范。这就要求我们：一要加紧制定尚未完备的危机管理法律；二要不断充实完善相关法律的操作性内容，使危机管理实施真正做到有法可依；三要大力学习和宣传各类危机管理法律，提高全社会依法进行危机管理的意识，提高各级政府依法实施危机管理的水平。

理论是实践的指南。如何运用国家安全危机管理理论是一个十分复杂的重大实践课题，它涉及到对危机信息的掌握，对危机形势的判断，对危机处理方案的制定，对危机处理策略的选择，对危机管理方法的灵活运用等一系列问题，需要我们在理论与实践的结合上，不断地进行深入探讨，寻求新的思路。

国家安全体系中的社会安全问题

国际关系学院公共管理系教授　刘跃进

社会安全问题是一个传统安全问题，也是古老的传统安全观曾经关注和重视的国家安全问题。在国家安全体系中，社会安全是构成国家安全的一个史前要素、原生要素、传统要素，它本身又包含了居民安全、民宅安全、族群安全、城镇安全、乡村安全、街巷安全、社区安全、校区安全、市场安全等等构成要素。在国家安全保障体系中，社会性保障也是一个重要方面，其中既包括作为保障机制构成要素的社会组织、社保机制、社管机制等等，也包括作为保障活动的社会保障工作、社会管理工作等等。为了解决日益突出的社会矛盾，保障社会安全和国家安全，必须进行社会管理创新。

一、对传统的社会安全问题的非传统认知

社会是人类生存的基本形式，这一点并不以国家是否存在为

转移。无论国家出现的历史条件是什么，人类生存必备的那些基本要素都必然是国家存在的必备要素。社会正是这样的一个必备要素。亚里士多德认为人天生是政治动物。然而事实是，人可以不是政治动物，可以不在国家这种政治共同体中生存。但是，不必然是政治动物的人，却像马克思强调的那样，必然是社会动物，任何时候都必然是社会性存在，都必然生存于社会之中。在国家出现之前，人就是社会性存在，社会就是人生存的基本形式，这种社会生存形式也就有一个安全问题。国家出现之后，如同人从一般的人变成了国民、地从一般的地变成了国土、经济从一般的经济变成了国家经济或国民经济一样，社会也从一般的社会变成了国家的社会，即政治中的社会和政治性的社会。这时，人变成了国家的人，变成了政治动物，但同时也还是社会的人，是社会动物，还必须以社会为其基本的生存形式。与此同时，社会安全问题也依然存在，只不过是它已经从一般的社会安全问题，变成了国家内部的社会安全问题，因而也成为国家安全的一方面内容。

因此，就像我们过去在创建国家安全学时认为国民安全、国土安全、经济安全是国家安全的史前要素一样，我们现在不仅认为需要在国家安全构成要素中加上社会安全，而且认为社会安全也是国家安全的史前要素。这样一来，国家安全就有四个史前要素，它们与政治安全、军事安全、主权安全这三个伴生要素一起，构成了国家安全的传统要素，也就是我们长期以来所说的国家安全原生要素。与此不同，当代国家安全的其他一些构成要素，即文化安全、科技安全、信息安全、生态安全这四个方面，则是人们通常说的非传统安全要素，也就是我们所说的国家安全派生要素。

显然，在此与国民安全、国土安全、经济安全、政治安全、军事安全等相对的社会安全一词，其中的“社会”是狭义的社会，而不是广义的社会，因为从广义上讲，无论是经济、政治，还是文化、科技等等，都处于“社会”这个概念的范围之中。由于社会安全在此是与经济安全、政治安全、文化安全等相对而言的，因而其中的“社会”只能是区别于且排除了政治、军事、文化、科技等等社会现象的狭义“社会”。

但是在此必须注意，“社会安全”与“社会安全问题”并不等同。国家安全体系中的社会安全问题，不仅仅是指社会安全，它还包括了影响国家安全的社会因素、危害国家安全的社会因素、国家安全的社会保障等等。这样一些内容庞杂的社会安全问题，并不是在冷战结束后各种非传统安全问题出现的时候才出现的，而是在国家和国家安全问题一经产生就存在着，只不过是由于长期以来特别是冷战期间，国际问题普遍政治化和意识形态化，以及某些国家内部政治对社会生活空间的极度挤压，使社会安全问题在客观上不再那么重要，人们关注的重点自然也就多放在了军事安全和政治安全上，而不会再关注在人类以往的历史上长期存在且受到不同程度关注的社会安全问题。

的确，在战争年代或军事威胁非常严重的时候，在政治统治把非政治性社会挤碎、挤垮的高度集权国家中，社会组织就会演变成某种军事的或准军事的组织、政治的或准政治的组织，非政治性和非军事性的社会不仅被挤压、被边缘化，甚至根本就不复存在。这样一来，也就很少有所谓的社会安全问题了，人们看到的和提到的也就只能是军事安全问题、政治安全问题，而不会再去关心不复存在或者不值一提的社会安全问题。这正是世界大战期间和冷战期间，传统的社会安全问题并没有在传统安全观中获得应有地位的重要原因。对于中国大陆来说，1949 年后不仅因为受到国际冷战的重大影响而使国家对外完全政治化，而且与其他国家相比，还通过不断的政治运动把整个国家政治化了，非政治性社会几乎不复存在。在这种情况下，社会安全在国家安全中的地位和所占比重就大大下降，对国家安全的认识也就完全可以忽略几乎不存在的社会安全问题，而只要抓住政治安全、军事安全就可以了。这个时期的中国已经不是“社会性国家”，而是“单位性国家”，并且由于包括工农商学兵等等在内的任何“单位”都变成了“政治单位”，而没有任何真正意义上的“社会组织”，因而整个国家安全就成为了“政治性国家”或“政治国家”，国家安全由此也就几乎等同于政治安全。

有趣的是，冷战后期世界范围内开始出现的非传统安全认识或非传统安全观念，与中国改革开放过程中社会恢复的步伐相当一致。中国人在接受和构建非传统安全观的过程中，越来越关注起社会安全问题。虽然许多人并不习惯也不愿意放弃过去那种具有强大政治功能的“单位身份”，不愿意从过去的“单位人”变成“社会人”，但改革的步伐却把这一进程不断推向前进。正是在这个过程中，以往被挤压的社会开始复苏和强大起来，社会对国家政治生活的影响越来越大，其中最突出的是各种突发性社会事件对社会安全和国家安全的冲击。正是在这一过程中，政界和学界都越来越多地关注起社会安全问题，使社会安全问题成为非传统安全观关注的一个重要方面。一个古老的传统安全问题却只有在当代非传统安全观中才被放在了它应有的地位上。无论是近年来国家安全论著中对社会安全问题的研究，还是领导人从社会和谐稳定和国家安全的高度对加强和创新社会管理的强调，以及中国国家安全论坛把 2011 年的主题确定为“社会管理创新与国家安全”，都说明了这一点。

二、社会安全问题在国家安全体系中的地位及其主要内容

为了能够科学地认识现实中社会安全问题与国家安全的关系，促进通过社会管理创新保障国家安全，我们有必要先从理论上认清社会安全问题在国家安全体系中的位置。

多年来，“系统安全观”的分析框架把国家安全问题分为四个方面：一是国家安全的构成要素；二是影响国家安全的因素；三是威胁国家安全的因素；四是国家安全保障体系。为了更好地说明问题，还把这四个方面比较详细的内容图示如下：

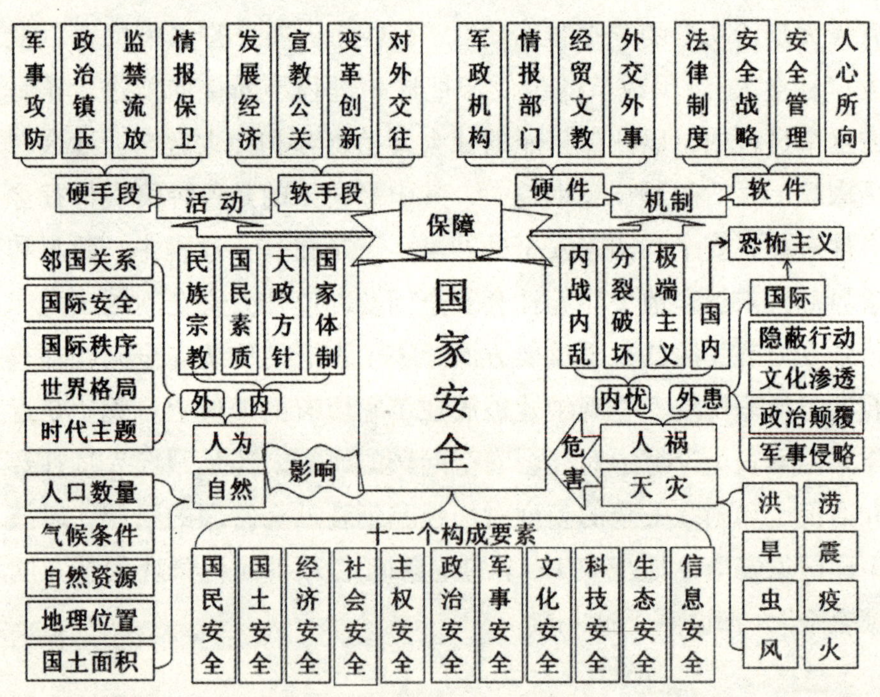

在上图所示国家安全体系中，社会安全问题既包括作为国家安全本身构成要素之一的社会安全，也包括影响和危害国家安全的人为社会因素，还包括国家安全的社会保障措施。但无论是作为构成要素的社会安全，还是作为影响和危害因素的社会问题，以及作为国家安全保障体系有机组成部分的社会保障，其中的“社会”都不是与“自然”相对的广义的社会，而是整个人类社会中与“政治社会”或“政治性社会”相对的狭义社会，即“民间社会”。因此，国家安全体系中的“社会安全”、“影响国家安全的社会因素”、“危害国家安全的社会因素”、“国家安全的社会保障”等概念，所指分别是一个国家内部的民间社会安全、影响国家安全的民间社会因素、危害国家安全的民间社会因素、保障国家安全的民间社会体系。

如前所述，社会安全是国家安全的史前要素、原生要素、传统要素，它本身又是一个庞大复杂的体系。就我们目前的认识来说，社会安全起码包括有居民安全、民宅安全、族群安全、城镇安全、乡村社会、街巷安全、社区安全、校区安全、市场安全等等构成要素，而且其中的每一个构成要素又可以划分为若干下一层次的构成要素，如居民安全就可分为居民的人身安全、居民的财产安全、居民的名誉安全等要素，而居民的人身安全还可以继续划分为居民的饮食安全、居民的医疗安全、居民的家居安全、居民的出行安全、居民的游乐安全、居民的穿戴安全等等。在社会安全的这些构成要素中，有些看起来非常细小、非常微不足道，但如果某个方面的安全发生问题，特别是这样的安全问题扩大和强化起来，都不仅会使社会的安全度降低，而且会使国家的安全度降低。

如果说社会安全本身在上述国家安全体系图中的位置比较清楚的话，那么影响国家安全的社会因素、危害国家安全的社会因素、国家安全的社会保障等，在上述国家安全体系中的位置就不那么清晰了。尽管如此，我们还是能够借助上述图示来分析社会安全问题中的这些方面。

在国家安全体系图示中，影响国家安全的因素被分为自然因素和人为因素，而人为因素又被分为内部因素和外部因素。很显然，在社会安全问题这一论题中，影响国家安全的社会因素，既完全区别于图示中列出的自然因素，也不包括任何外部的人为因素（即一个国家外部的人为社会因素），而只可能指向内部的人为因素。在上述图示中列出的国家体制、大政方针、国民素质、民族宗教这四个方面的因素中，相对来说，国家体制、大政方针两个因素不是影响国家安全的社会因素，而是影响国家安全的政治因素，而国民素质、民族宗教则可以归为影响国家安全的社会因素。显然，图示中的这几个方面，并不是国家内部影响国家安全的所有的人为因素，国民素质和民族宗教也不是影响国家安全的所有的社会因素。事实上，这些年政界和学界都在反复强调的公平正义问题、收入分配问题、教育问题、医药问题、上访问题等等，都是影响我国国家安全特别是社会安全的因素。

同样，社会安全论题中的危害国家安全的社会因素，既不包括图示中的各种“天灾”，也不包括“人祸”中的各种“外患”，而只能是“内忧”中的某些因素，例如图中所列“内乱”问题，以及当前在我国比较突出的各类群体性事件问题等。至于当前国内比较严重的官员贪污腐败，虽然是危害国家安全的严重内忧，但严格来说应归入危害国家安全的政治因素之中，而不是危害国家安全的社会因素。

最后，在国家安全保障体系中，社会性保障也是一个重要方面。在传统安全保障体系和传统安全观中，军队、警察、情报、监狱等等才是保障国家安全的最重要的力量，但在当代国家安全保障体系和非传统安全观中，社会性保障和社会管理的重要作用日益突出。如图所示，国家安全保障机制由硬件和软件两个方面构成，其中的硬件构成在传统上只包括军事、政治、外交、情报、文化、教育等政府机构，而没有社会保障机构及其他非政府性社会组织的地位；其中的软件也只关注法律、制度、战略、人心等等，而缺乏对“社会保障机制”、“社会管理机制”在保障国家安全中重要作用的认识。然而在人类历史上，一些非政府的社会组织曾在不同程度上以不同的形式发挥着保障国家安全的作用，“社保”也在许多国家发挥着重要的保障社会安全和国家安全的重要作用。在近代中国抵御外敌侵略的过程中，一些民间社团、秘密会社、宗教组织等等，就曾发挥过不同的积极作用。此外，在当前中国国家安全保障体系中，社会管理特别是社会管理创新，就是非常重要的国家安全保障活动。因此，我们不仅需要在国家安全保障活动中列入社会管理和社会创新，而且还应该在国家安全保障机制的硬件中列入“社会组织”，在国家安全保障机制的软件中列入“社会保障机制”和“社会管理机制”。

在前面讨论以国家安全为中心的社会安全问题时，我们把自然因素、国外因素、狭义社会之外的社会因素等都排除在外了，但无论是构成国家安全的社会安全要素，还是影响和危害国家安全的社会因素，以及国家安全的社会保障，都与自然因素、国外因素以及其他广义的社会因素存在着各种复杂的相互联系和相互作用。因此，当我们不是以国家安全为中心，而是降低一个层次以社会安全为中心讨论问题时，就不仅要涉及上述论及的社会安全的各种构成要素，而且还要全面考虑影响和危害社会安全的各种因素，其中既包括人为因素也包括自然因素，既包括国内因素也包括国外因素，还要考虑保障社会安全的非社保、非社管的包括政治、军事、情报、外交等等在内的各方面的机制和活动。这是因为，影响社会安全的既有各种社会因素也有各种自然因素，既有国内因素也有国外因素；危害社会安全的既有各种“人祸”也有各种“天灾”，既有各种“内忧”也有各种“外患”；保障社会安全不仅需要各种社会力量，有时还需要各种政治的、军事的、情报的、外交的力量。

三、以社会管理创新促进社会安全和国家安全

改革开放 30 多年来，我国的经济和社会都有了长足发展，取得了巨大的成绩，但与此同时，经济发展成果却没有得到应有的公平分配，社会矛盾日益突出，社会冲突不断增长和强化，层出不穷的各类社会事件越来越严重地威胁到社会的和谐稳定甚至国家安全，从而使我国进入到一个社会矛盾凸显的特殊历史时期，也使我国当前的国家安全形势总体上呈现出“内忧外患并存”、“内忧甚于外患”、“安内重于攘外”、“社会安全问题日益突出”的特征。基于这一客观情况，对我国国家安全的认识，从本世纪初开始经历了从传统安全观到传统安全与非传统安全观并重、从重国际安全到同时重视国内安全的转变，而且越来越重视国内的社会安全问题，提出了建设和谐社会、创新社会管理等重要主张，力图通过创新社会管理来促进社会和谐稳定，进而保障国家安全。

那么，当前我国都有哪些突出的社会矛盾呢？

从人群划分角度看，我国当前比较突出的社会矛盾有官民矛盾、警民矛盾、贫富矛盾、劳资矛盾、政商矛盾、商民矛盾，另外还有医患矛盾、师生矛盾、工农矛盾等等。至于官与官的矛

盾、警与警的矛盾、民与民的矛盾、穷与穷的矛盾、富与富的矛盾、资与资的矛盾、商与商的矛盾等等，都不是当前突出的社会矛盾，而且多数情况下并不是社会矛盾，而是个体矛盾。

引起这些矛盾的原因很多，其中根本原因就是公平正义的缺失，具体体现在征地、拆迁、欠薪、就业、失地、医疗、教育、司法等领域中的不公不义，这其中还包括社会管理滞后的问题。为此，中央提出了社会管理创新的要求，希望通过创新和完善社会管理，更有效地化解或缓和社会矛盾，降低社会风险，促进社会和谐稳定，保障国家安全。

2004 年 6 月，中共十六届四中全会就提出要“加强社会建设和管理，推进社会管理体制创新”。2007 年中共十七大报告进一步提出要“建立健全党委领导、政府负责、社会协同、公众参与的社会管理格局”，同时还提出了“完善社会管理”这一概念。在 2009 年底全国政法工作电视电话会议上，“社会矛盾化解、社会管理创新、公正廉洁执法”被列为政法系统的三项重点工作。2010 年两会期间，政府工作报告指出，要适应新形势，推进社会管理体制改革和创新，合理调节社会利益关系。到了 2011 年，社会管理创新成为中央特别强调的一项重要工作。2011 年 2 月 19 日，胡锦涛在中共中央党校举行的“省部级主要领导干部社会管理及其创新专题研讨班”上发表讲话，强调要“扎扎实实提高社会管理科学化水平，建设中国特色社会主义社会管理体系”。在此后的两会期间，政府工作报告比以前都更充分地论述了“社会管理创新”问题。5 月 30 日，中共中央政治局召开会议，研究加强和创新社会管理问题，并由此在 7 月份推出了《中共中央国务院关于加强和创新社会管理的意见》。2011 年 9 月 16 日，在中央社会管理综合治理委员会第一次全体会议上，“中央社会治安综合治理委员会”正式更名为“中央社会管理综合治理委员会”。

中共中央和中央政府对加强和改善社会管理特别是创新社会管理的强调和重视，一方面是由于我国正处于社会矛盾凸显的特殊历史时期，另一方面是由于当前的社会管理不仅相对较弱，而且更有许多不适应新形势的地方，明显滞后于社会及社会矛盾的发展。正是社会矛盾凸显与社会管理滞后这对矛盾，催生了中共中央和中央政府加强和创新社会管理的决定。因此我们可以说，创新社会管理直接来说是解决社会矛盾凸显与社会管理滞后这对矛盾的需要，从根本上来说还是弱化、化解、解决目前日益突出的各种社会矛盾的迫切需要。

为了解决日益突出的各种社会矛盾，社会管理创新必须落实到目标创新、观念创新、方法创新、机制创新等等方面。从目标上看，我们需要把以往以维护社会稳定为重要目标的社会治安工作，转变为以确立社会公平正义为根本目标的社会管理工作上，同时把公平正义放到与发展速度同等重要甚至比发展速度更重要的位置上。从观念上看，我们需要在管理中确立以人为本、以民为本的观念。从方法上看，我们必须重视管理的科学性、民主性，把科学管理特别是民主管理作为社会管理的根本方法，同时还要注意人性管理、软性管理、绿色管理。从机制上看，既要注意管理的硬件建设，更要注意管理的软件建设，使社会管理越来越多地从政府的外部管理变成民众的内部自我管理。

关于完善我国应急预案体系的几点思考

国家行政学院应急管理培训部副教授　钟开斌

自2003年上半年取得抗击“非典”斗争胜利以来，我国以“一案三制”为基本框架的应急管理体系基本形成，应急预案编制成为推动各地区各部门应急管理工作的重要抓手和有效载体。当前，我国应急预案体系全面建立，全国各级各类应急预案总数达240多万件，基本覆盖了各地常见的各类突发事件，全国“纵向到底、横向到边”的应急预案体系基本形成。目前，应急预案要实现从以部门为主导到以事件为主导的转变，切实提高预案的针对性、操作性和实用性。

一、预案功能：从原则导向到实操导向

应急预案的功能定位决定了其形式与内容。因功能定位不准，目前很多应急预案框架性和原则性过强，针对性和可操作性不足，导致出现两方面的雷同现象：各级各类预案与应急管理法

律法规和规划雷同，内容太过宏观和原则；从中央到地方不同层级，从总体预案、专项预案、部门预案到现场行动预案内容雷同。为此，在应急预案的功能定位上，要实现从宏观指导的原则导向到现实管用的实操导向转变。具体应当做到以下几点：

一是大力强化应急预案的实操性功能定位。明确应急预案是基于危险源辨识和风险评估之上的应对方案，统筹安排突发事件事前、事发、事中、事后各个阶段的工作，是应急管理工作的主线。换言之，要明确预案是指根据评估分析或经验，对潜在的或可能发生的突发事件的类别和影响程度而事先制定的应急工作方案。与应急管理相关法律法规和应急规划相比，应急预案的功能定位应侧重针对性、实用性、操作性，真正起到“能用、实用、管用”的效果。要按照“看得懂、记得住、学得会、用得上”的原则，明确事前、事发、事中、事后的各个环节由谁来做、怎样做、何时做、用什么资源做，为处置突发事件提供准确有效的程序和依据。

二是科学划分应急预案的功能层次。按照战略、战术、战役等不同的功能层次，对应急决策指挥过程中“战略决策、战术指挥、战役行动”的层次，对预案进行科学分层分类。其中，总体预案应定位为战略性预案，具有宏观指导的性质，主要以应急管理相关法律法规和应急规划为基础，制定具体明确的应急管理政策、目标和指导，整合各方面资源，强化顶层设计；专项预案和部门预案定位为战术性预案，具有事件导向的性质，主要是针对各类可能发生的突发事件制定相应的应对措施，明确具体的工作方案；现场行动方案定位为战术级预案，具有现场导向的性质，主要适用于现场制定响应程序和任务指令。

二、预案编制：从模版导向到风险导向

编制程序关系到应急预案的科学性。2004年，国务院办公厅印发《省（区、市）人民政府突发公共事件总体应急预案框架指南》。自预案体系建设工作启动以来，在从无到有、从少到多、从个别地区部门到全国大范围拓展的过程中，我国预案编制采取的是“从上到下”模式，不可避免存在上下一样粗、左右一样平、照抄照搬、衔接不紧、结合实际不够等问题，预案的科学性、针对性和实用性不强。为此，在预案编制上，要从一刀切的模版导向朝各具特色的风险导向转变。

一是建立基于风险导向的预案编制程序。提高预案的针对性和实操性，要求预案编制程序从传统“从上到下”的模版导向朝现在“自下而上”的风险导向转变。要按照《突发事件应对法》的要求，完善以风险评估为基础的预案编制程序。重点借鉴美国、英国、德国、日本等发达国家以及我国北京、广东、上海等地方的工作经验，研究制定《突发事件风险评估指南》，在各级行政区划范围内，开展特定时期四大类突发事件的风险识别、分析、评价和处置工作，建立科学、规范、系统、动态的风险评估机制，制定有效的风险处置措施，以风险评估为基础不断完善应急预案体系，真正做到“一风险一预案”。

二是尽快编制巨灾应对应急预案。目前，我国缺乏最高层面的应急预案，如国家主席、国务院总理等最高领导在复合型巨灾发生后的应急状态下究竟如何行动还缺乏具体明确的规定。针对当前巨灾频发的严峻现实，应借鉴美国、日本等国家巨灾应急预案编制经验，在巨灾风险评估的基础上，着手制定我国的巨灾应

急预案，将巨灾应对纳入社会管理和城市建设中，细化巨灾应对的程序与方法（如党、政、军全面协调配合的工作机制），适时组织开展巨灾应对演练。

三、预案管理：从内部规范到公开评估

科学专业的综合评估是提高预案针对性的重要手段。我国目前对应急预案的评估缺乏实质性规定，没有统一标准，实务部门认识也不一致，导致评估工作混乱无序。由于缺乏公开宣传教育和动态专业评估机制，预案编制完成后很快被束之高阁，甚至很多被列为秘密，应急管理人员和全社会对预案不认识、不了解、不熟悉，最后成为“纸上画画，墙上挂挂，橡皮擦擦，最后能不能实施，全靠领导一句话”。为此，在预案管理上，要从小范围局部有效公开向大范围主动公开转变，从静态停滞向动态评估更新转变。

一是建立应急预案动态综合评估机制。树立“未经评估的预案是无效的预案”的理念，按照客观、公正、公开、科学、权威的原则，在预案编制前、编制过程中、演练后和实施后等四个不同阶段，坚持以事件为主导、专业评估和综合协调的原则，对预案展开动态综合评估，全面评估应急预案的编制质量和实施效果，及时反馈各种信息，为预案的修订提出建议，确保预案的科学性、完整性和灵活性。

二是健全应急预案的公开宣传教育机制。按照“公开是原则，保密是例外”的理念，分层分类对应急预案进行分类，确定确实不宜对外公开应急预案的保密级别和范围。建立预案的公开解读和社会宣传机制，采用多种形式报道和播发可对外公开的预

案及相关材料，组织社会各方面力量参与应急预案编制过程，掌握应急预案的主要内容。

三是强化不同预案之间的有机衔接机制。针对当前各级各类应急预案之间各自独立、缺乏衔接甚至相互冲突，协调性差的状况，建立各地区、各部门规范统一的预案相互对接和配套机制、实现专项预案、部门预案与总体预案有机结合，政府预案与企业预案、综合预案与专项预案有效衔接，形成纵横交错的综合性应急预案网络。

四、预案演练：从展示导向到问题导向

演练是验证预案的适用性，检验应急管理人员突发事件的应对能力，发现预案中存在的问题并持续改进的重要手段。按目的与作用划分，应急演练可分为检验性演练、示范性演练和研究性演练。当前，我国预案缺少演练，更缺少展示性演练。很多预案长期未经演练，实操性大打折扣，不为应急管理人员熟悉，甚至出现个别地方在突发事件发生后“冒着生命危险抢救预案”，以便在上面寻找应对办法的故事。另一方面，所开展的预案演练也更多的是展示性演练，即为向观摩人员展示应急能力或提供示范教学，按照应急预案规定开展的表演性演练，结果都是“取得了圆满成功”，未能起到发现问题、改进工作、提高能力的效果。要真正提高预案的质量，必须建立以问题发现为导向的演练模式。

一是定期组织开展基于发现问题的检验性演练。树立“过程即目的”和“未经过演练的应急预案是无效的预案”的理念，借鉴军事演练“平时是练兵打仗，战时是打仗练兵”的做法，按

照“检验应急预案的可行性、应急准备的充分性、应急机制的协调性及相关人员的应急处置能力”的活动定位，改变“示范性演练偏多、检验性演练不足”的现象，对各地区、各部门定期组织基于发现问题的检验性演练做出严格明确要求。一方面，通过演练，让相关应急管理人员了解和熟悉预案，真正做到让预案“入耳、入脑、入心”；另一方面，通过预案，在实践中检验预案，发现问题，及时补充、修订、完善预案。

二是重点加强综合性应急演练。借鉴首都应急联动工作机制，泛珠三角九省（区）应急联动机制，粤、港、澳应急管理合作和部分地方军地合作建设经验，建立部门间、地区间、行业间、军地间的协调联动机制，由各级政府牵头，有针对性地组织协调辖区内多部门开展联合、协同应急演练，强化演练的实用性和实战性，提高上下贯通、左右联动的应急处置实战技能。适时组织跨省、市的综合应急演练，强化部门间、地区间、行业间、军地间的协调联动水平。

我国应急管理教育培训的经验和建议

国家行政学院应急管理培训中心教授　王宝明

随着全球化的深入发展和国内社会经济的巨大变革，政府应急管理以及同步进行的教育培训工作凸显重要。许多发达国家自“二战”以来，逐步形成了“五、四、三、二”的应急管理人员教育和培训机制，即从政府、军队、企业、民间机构、社区志愿者五个方面加强应急管理人才的组织建设；从平时的普及宣传教育、专门培训、集中的演练和重大事件之后的反思提高四个方面加强应急管理能力建设；从危机意识、应急知识、救援技能等三个方面加强应急管理思想建设；从专业人员、弱势群体两个方面加强应急管理培训。近年来在我国，应急管理教育培训工作，提高应急管理公务员素质，积累了一些经验，参考发达国家应急管理的先进经验，进一步加强我国应急教育培训工作，是提升国际竞争力、处理好国内事务、保证国家安全的重要举措。

一、应急管理教育培训机构的现状

为了保证应急管理培训符合国家要求，许多国家都把应急管理培训机构作为应急管理主管部门或其执行机构的内设机构，以官方的综合性或专科性应急管理培训机构为培训的主渠道。我国从非典后开始全面应急管理体系建设的同时，也开始发展应急管理教育培训事业。

（一）建成“国家突发公共事件应急管理人员培训基地”

根据《“十一五”期间国家突发公共事件应急体系建设规划》，2010 年 4 月 20 日，国家行政学院应急管理培训中心暨“国家突发公共事件应急管理人员培训基地”正式成立，下设全国应急管理人员培训中心、应急管理政策研究中心、国际交流与合作中心。此后，我国逐步形成国家应急管理人员培训基地、国家地震救援培训基地及各部委专业应急培训基地、地方政府应急管理培训基地（目前省级已建成 10 多家，其余大部分省级政府在筹建中）、国务院各部委管理干部学院及培训中心以及全国高等院校应急管理培训基地，如清华大学、暨南大学、河南理工大学等高校的教育培训体系。

（二）考察了许多国外的政府应急管理学院

国家行政学院应急管理培训中心近年来考察了许多国外的政府应急管理学院。包括：美国在国土安全部联邦应急管理署下设美国联邦应急管理学院；德国在内政部联邦公民保护局下设德国危机管理、应急规划和公民保护学院；英国在内阁办公厅紧急事务秘书处设立应急规划学院；加拿大在国家公共安全部下设加拿大应急管理学院；俄罗斯在国家紧急状态部下设民防学院；澳大利亚在司法部下设澳大利亚应急管理学院；新加坡在民防部队框架内设立民防学院；瑞典国家救援服务局在全国设有 4 所培训学院。

我们在刚刚参加世界应急管理 59 届年会后，还考察了在美国得克萨斯州的灾难城市，那里每年培训来自 60 多个国家的 8 万多专业人员。

二、应急管理教育培训的创新

应急管理培训应结合各级各类突发公共事件的特点和应急管理工作实际，根据不同的培训对象，不同的能力需求，本着“少而精、能管用”的原则，设置不同的培训内容。

（一）我国应急管理培训的课程

应急管理培训开设的课程主要有能力发展课程、指挥团队演练课程、新媒体及应急沟通课程以及各类课程模块。培训内容包括：（1）应急管理基本理论和基本技能；（2）预防、准备、响应（应对）和恢复等应急管理关键流程的培训；（3）各种专业应急技能；（4）内外协同、互动与公共沟通。根据受培训者的不同特点来确立不同的培训模块，以培训菜单的形式，由不同的培训对象、不同的班次依需要进行组合和任意选择。国家行政学院应急管理课程体系主要包括省部级、司局级领导干部应急管理专题课程模块、应急管理指挥部培训课程、应急管理师资培训 TOT 课程、即将开始的应急管理硕士博士学位教育课程、自然灾害、事故灾难、公共卫生、社会安全4大类类应急管理培训课程以及更专业化的课程，如群体性事件、大型活动、环境突发事件专题课程等。

（二）国外应急管理教育培训课程考察

美国联邦应急管理学院的课程体系设置了突发事件管理、业务持续性管理、行动预案编制、灾难后勤保障、公众灾难沟通、应急管理通讯、综合应急准备、危险减除、灾难受害者服务等9个任务区的500余门课程，并开设了高级应急管理班、应急演练教官班、应急培训者培训班等15类专业证书培训班，每一类专业证书培训班的教学内容都由3－10门专业课程构成，并且为7所大学的博士学位项目、44所大学的硕士学位项目提供有关课程。英国应急规划学院的课程建设以《民事紧急事务法》和各类具体应急管理“规程”为课程的知识基础；课程内容标准化，不论哪位教师上课，教授的都是同一套课程内容；全部课程都是经过政府内阁办公厅审查批准，所发的培训证书印有“内阁办公厅”字样，以示其权威性。德国危机管理、应急规划和公民保护学院采用循序渐进的三级应急培训模块化课程。一级课程包括讲授基础理论知识与桌面推演；二级课程根据德国应急管理工作中存在行政和战术两个指挥部的实际情况，分别对两个指挥部进行模拟演练；三级课程是行政指挥部和战术指挥部的联合演练。

（三）培训方法的创新

通过互动式讨论、研究式教学、典型案例分析、桌面推演、模拟演练等让参训者从自己的亲身体验中学习。此外，借助技术辅助培训实现形式多种多样，既有主要基于计算机系统的演练，也有综合运用多种技术体系的综合演练系统。这是应急管理实践技术应用和更新所带来的必然趋势。国家行政学院教学演练大楼提供相关指挥、新闻发布、心理实验设备设施。目前已开发了桌面推演、指挥部演练、新闻发布会情景模拟演练 3 大类 30 余门应急演练课程。与其他部委、研究所合作开发了唐家山堰塞湖应急处置、罗莎台风应急处置、汶川地震应急管理和重庆开县井喷事故应急处置 4 个教学案例和应急演练教学系统，形成了独具特色的应急管理课程品牌。

各地方行政学院也根据本市、区情况开发了不同的演练系统，例如：天津行政学院使用地震演练教学系统；北京行政学院采用暴雨灾害等演练教学系统；上海、吉林、广西、浙江等地的行政学院也采用各自的演练教学系统；未来还将建设中国国家应急演练仿真系统。

三、应急管理培训机构的智库功能

各国应急管理培训机构都把自己定位为政府的智囊机构和支持机构，开展各种应急管理政策研究与咨询工作。

国家应急管理培训基地的决策咨询工作包括：举办国际国内应急管理高层论坛。经国务院领导批准，在国务院应急办的指导下，国家行政学院、公安部、民政部、卫生部、安监总局及有关部委联合举办每 2 年 1 次国际应急管理高层论坛；相关部委所属司局共同举办每 2 年 1 次的国内会议应急管理高层论坛。《送阅件》为党中央国务院提供决策咨询。在系统研究和认真扎实调研的基础上每年为国家应急管理提出近 20 项政策建议。组织编辑出版中国应急管理年度报告。2010 年出版的《中国应急管理年度报告》，作为中国应急管理白皮书，对宣传中国政府积极应对突发事件、不断完善应急管理体制、提升应急管理能力以及促进应急管理领域国际交流与合作具有重大现实意义和参考价值。积极开展风险评估地方试点项目，先后将广东深圳、河源，重庆市九龙坡区作为“地方政府灾害风险治理与预案优化”试点地区；在天津市开展综合救援队伍建设试点；在四川省开展“第一响应者”试点项目。建设国家应急管理案例库。“国家应急管理案例库”以案例开发为重点，以实时网络数据采集为支撑，以模拟演练系统为特色，对当前热点应急管理案例进行跟踪研究，搭建形成五大功能区：“案例区”、“事件区”、“工作区”、“资料区”和“素材区”，已开发重点案例24个，其他各类案例3000多个，重大突发事件专题102个，在库资源已达到40万多条。

四、我国应急管理教育培训的建议

（一）做好顶层设计，强化应急管理培训的总体规划。提高公务员培训中应急管理的比重

将应急管理培训纳入各级领导干部、公务员培训的基本内容，增加培训班次、扩大覆盖面，分批分次对各级领导干部进行全面系统培训；加快全国和地方应急管理培训基地的功能建设，充分发挥基地在全国应急管理培训中的主渠道、主阵地作用。强化应急管理培训的监督考核。将各级领导干部接受各种应急管理培训的情况作为各级干部任职和晋升的必备条件；将应急管理工作纳入组织考核体系，考核结果作为干部任用和交流、评优记过和职级晋升、评选先进的重要依据。加强相关制度建设，探索实行综合管理岗位领导干部的应急管理培训制度和应急管理岗位干

部的专业资质认证制度。加强案例与演练课程，推进应急管理案例库建设，形成一个多功能、多层次、宽领域、动态性的应急管理案例库，为应急管理培训提供权威、高效的案例管理平台。通过演练课程将理论培训、案例研讨、仿真演练有机结合起来，提高培训的针对性和操作性，增强学员应急管理的实战经验，有效提高他们的应急管理能力。

（二）大力推进应急模拟仿真训练教学系统

积极建设应急指挥仿真实验室、新闻仿真实验室等应急模拟仿真训练教学系统，形成集“教”、“学”、“研”、“演”为一体的应用模式，为以“能力提升”为核心的应急管理培训模式提供坚实的基础。

（三）积极开展成建制的指挥部培训

充分发挥全国应急管理培训基地的整合作用，多举办成建制应急指挥部培训，对同一突发事件链的上下游部门（包括军队、武警）进行跨部门、扩地区、跨行业的联动式培训。当前应重点依托中央和地方各种应急指挥部、领导小组、委员会、跨部门联席会议，积极开展成建制指挥部的应急管理培训，提高合成应急、协同应急能力。

（四）加快应急管理教育培训体系的标准化建设

我国应急管理人才培训发展不均衡，各地区各部门层次不齐，在师资队伍、教材资料、知识平台等方面缺乏全国统一的标准体系。今后要在国家层面出台相关的制度规范，明确应急管理培训的师资队伍、教材资料等基本要求，建立培训机构应急管理培训资质证书制度，提高全国应急管理教育培训体系的标准化、规范化和制度化。

（五）健全应急管理教育培训配套基础设施

危机事态的发展本身是受多种因素共同影响的复杂函数，因此应急管理教育培训中如果不能尽可能地还原或模拟现实情景，就无法达到适应于管理实践要求的教学效果。因此应加强应急管理教育培训配套设施的建设，包括硬件和软件设施；在软件设施建设方面，主要是利用现代信息技术开发各种案例教学软件，建立模拟指挥系统、远程网络教学平台，以及 GIS 的应用等等。

（六）建立我国的“灾难城市”

充分借鉴美国得州灾害公园建设的经验，以模拟实际突发事件处理的情景，从而使学员能真正理解突发事件的快速变化，同时提高学员处理突发事件的心理素质与应急能力。

后拉登时代中国反恐形势与对策思考

北京大学东西方文化研究中心研究员　李湛军

一、拉登之死对中国反恐形势的影响

后拉登时代，“基地”和塔利班组织在三、五年内会进入一个低谷发展时期。西亚地区的极端伊斯兰世界要在三、五年内迅速培养出一个像本·拉登那样具有强势号召力的人物不容易。由于恐怖主义领导人被捕杀，银行资金被冻结，行动组织被打散，“基地”组织和塔利班头目目前大多居无定所，“基地”成员仅剩下300多人，多为厨子、司机、保镖和底层战士，被围困在巴基斯坦和阿富汗边界线上的部落地区，短期内较难在西方主要国家本土内发动和策划重大的恐怖袭击。

拉登之死对中国反恐形势的影响，既有有利的一面，也有不利的一面。有利影响是：（1）精神上沉重打击投靠“基地”组织的“东突”恐怖分子；（2）“东突”恐怖分子失去了“基地”组织专门提供的培训场所和训练营地；（3）“东突”恐怖分子失去了“基地”组织提供的一些谋生生意和手段，经费来源更无保障。不利影响是：(1) 本·拉登生前极其仇恨美国，一心要挑战美国的霸权主义，故要求“基地”组织成员和他所收容的“东突”分子须先把主要精力用于对付美国，而不许一心二用。本·拉登力图争取中国对其以恐怖暴力活动对付美国霸权主义的做法保持中立，故担心其麾下的“东突”恐怖分子如果策划和发动对中国境内的恐怖袭击会影响到中国对其态度，他一直对“东突”的行径严加管控。但是，在本·拉登死后，“基地”组织内部的“东突”恐怖分子便有可能失去约束力，并有可能利用“基地”组织的资源向中国发动恐怖袭击。(2) 本·拉登反对索马里海盗行径，坚持不与索马里海盗合作，担心索马里海盗的行径会“玷污”他反美的“政治行为”。索马里海盗一直想资助和参与“基地“与塔利班的恐怖主义行动，由于本·拉登一直反对与海盗来往而拒绝接受资助。索马里与基地组织合作的愿望一直没能实现。但是本拉登死后的基地组织能否继续保持不与索马里海盗合作的态度就很难说了，特别是当前“基地”组织处境更加困难，极有可能因为资金短缺问题而接受索马里海盗资助。索马里海盗目前每年能有50亿美元的抢劫收入，“基地”组织若接受索马里海盗的经济资助，那么，未来他们可能会强化针对中国的恐怖袭击行动能力。(3) 美国的国际反恐行动没有重创任何威胁中国的恐怖主义组织。美国开展的十年国际反恐，重点打击的是可能伤害到美国利益的国际恐怖主义，对不涉及到美国安全利益的，美国基本上采取放任，甚至纵容的态度。比如，“东突”有诸多恐怖主义组织和势力，但美国也只是将曾试图袭击美国驻外使馆的“东伊运”组织宣布为恐怖主义，对其他“东突”恐怖主义组织却视而不见，甚至对已被抓获、关押在关塔那摩监狱的“东突”恐怖分子也拒绝引渡给中国。(4) 国际恐怖主义组织的互联网运作会强化反华恐怖主义组织的国际化运作能力。后拉登时代国际恐怖主义网络化趋势越来越突出，这使得他们可以在互联网上更方便交流“作战”经验，网上招募参与恐怖暴力行动人员，筹募资金，伪造证件和身份证明，获取作案工具和武器，学习爆炸和爆破技术，等等，都可能强化国际恐怖主义组织的反华能力。

虽然本·登死后，美国和欧洲一些主要国家短期内在其本土面临的重大恐怖袭击威胁会相应减少，但这不等于说在中国也是同样情形。中国未来十年所面临的恐怖主义威胁和案件可能会大大高发于此前十年，我们对此要有足够认识，并及早做好防范和应对。

中国社会目前或将来一段时期将主要存在着五种恐怖主义威胁。

（一）“藏独”恐怖主义

据不完全统计，截止2010年底，美国、德国、日本等20多个国家建立了支持西藏的组织，在60多个国家有351个关注西藏问题并积极活动的国际或地域性组织，有28个国家的代表参加在印度召开的“西藏之友大会”；有34个国家的代表参加在伦敦召开的“西藏国际协商大会”，谋求将世界各地支持西藏流亡者的议员联合起来。纽约市政府规定每年3月10日为纽约的“西藏日”。“藏独”恐怖主义势力组织主要有：“西藏独立运动”组织；西藏青年会（简称“藏青会”）；“四水六岗卫教军”（又称“康巴游击队”）；西藏青年国际网络（Tibet Network）等。

（二）“东突”恐怖主义

目前已知境外有影响的“东突”民族分裂组织有51个，其中中亚地区19个，西亚地区14个，欧美及其他地区18个。从事分裂祖国阴谋活动的国际活动场所主要集中在中亚、西亚和欧美三大板块地区，中亚、土耳其、美国和德国4个活动中心。中亚是其从事分裂祖国活动、对新疆进行渗透、袭扰和进行武装训练的前沿主阵地；西亚是其构筑“民族”凝聚力、培养精神领袖和干部队伍的后方大本营；欧美是其推行“疆独问题”国际化的国际讲坛。“疆独”恐怖主义组织和民族分裂组织主要有：东突厥斯坦伊斯兰运动，简称“东伊运”)，2002年9月11日被联合国认定为恐怖组织；东突厥斯坦解放组织；世界维吾尔青年代表大会；东突厥斯坦新闻信息中心；“东突流亡政府”；“世界维吾尔人代表大会”等。

长期以来，“东突”势力一直是山头林立，派系繁杂，形成不了强有力的领导核心。新疆“7·5事件”之后，已完成组织统合，基本形成了以热比娅为领导核心的精神领袖团队，已渐渐具备发号施令的“海外流亡政府”的功能。

(三)“蒙独”恐怖主义

“蒙独”民族分裂主义势力主要宣扬泛蒙古民族主义，我国内蒙古自治区、新疆、青海、东北等地的“蒙独”势力和蒙古国的极端势力以及俄罗斯布里亚特的独立势力相互勾结，遥相呼应，鼓吹“三蒙”统一，建立一个所谓的独立的“大蒙古民族国家”。

与新疆和西藏相比，内蒙古自治区境内目前尚不存在严重的“蒙独”恐怖主义现实威胁。内蒙古地区目前的人均GDP已经接近7000美元，超过了沿海的山东、福建、辽宁，直逼广东。而邻近的蒙古国人均480美元，这种生活指数反差，加深了内蒙古自治区区内的蒙古族人民对党和中央政府的向心力。“蒙独”民族分裂主义分子目前敢于公开挑衅政府的还不多见，更多的还是处于一种秘密结社的地下运动组织状况。其公开活动多是呼吁“复兴蒙古文化”，要求“修订由汉人所写的蒙古文化史”。有的打着史学研究的旗号提出：“如果我们再不复兴蒙古文化，我们将落得与美国印第安人那样的命运——被保留、被同化、甚至被灭绝。”但是这并不等于内蒙古地区内的民族分裂分子彻底放弃了他们分裂祖国的妄想。内蒙古未来发展仍潜藏着诸多不安定的因素。“蒙独”恐怖主义势力组织主要有：内蒙古复兴运动协调委员会，成员约有2000多人；内蒙古人民党；世界青年蒙古族复兴运动协会；内蒙古民族运动斗争协会（“德王协会”）。

（四）邪教和极端反社会、反政府思潮恐怖主义

这类恐怖主义群体或是一群反社会、反人类的邪教信徒，或是不满中国特色社会主义制度，欲推翻中国共产党统治，内外勾结各种反华势力的敌对分子。这伙反社会、反政府的邪教和极端思潮分子形成的恐怖主义组织，往往通过手机短信、博客、facebook等互联网舆论方式，发动或策划以不满或反对政府为目的的聚众事件，煽动民众仇富仇官，进而引发恐怖暴力活动。

目前，这类邪教、极端思潮恐怖主义多未形成完备组织，多数还处在一种组织酝酿和策划期，但不少已具有朝向暴力组织发展的雏形，如“茉莉花行动”和一些邪教组织等，或向与各地黑社会势力结合的趋势发展。

（五）国际恐怖主义

这里所指的国际恐怖主义：一是不分地域但以中国人、中国机构、中国政府或中国利益为打击目标的国际恐怖主义；二是在中国境内策划或发生的针对第三国打击目标的国际恐怖主义，这类恐怖袭击打击目标虽不是针对中国人、中国机构、中国政府或

中国利益，但因其是在中国境内发生，不仅会严重影响中国的国家形象，而且也同样会给中国带来人员和经济财产损失。

二、民族分裂主义恐怖势力将是中国境内最大的恐怖威胁

与其他恐怖主义相比，未来十年民族分裂主义恐怖势力将是中国境内最大的恐怖威胁。中国西部地区的新疆、西藏和内蒙古自治区紧邻着中亚、南亚地区，与许多国家接壤，受周边地区和国家恐怖主义组织的影响和策动，这些少数民族地区的民族分裂势力有可能正成为恐怖主义在中国的温床。

（一）从长远时间段来看，民族分裂恐怖势力对中国西部地区的社会稳定和国家安全威胁最大

这是由西部地区在中国国家安全战略地位的重要性所决定的。一是西部地区辽阔，蕴藏着丰富的生活和生产资源，极具开发潜力。二是西部地区的崇山峻岭、险峰深涧，尽管现代信息、网络技术正在逐渐弱化这种屏障的天然防御能力，但在今后长期内仍具有重要的地缘政治战略价值。

（二）从现今至未来10年来看，“东突”分裂恐怖势力将是中国境内最大的恐怖威胁

“东突”分裂恐怖势力比其他民族分裂恐怖势力更加难以防范：一是因为“东突”比其他民族分裂组织更具有游动游击习性；二是因为“东突”比其他民族分裂组织更具有极端宗教色彩；三是因为与国际恐怖势力勾结一体的“东突”更具破坏性。

历史上，“藏独”和“疆独”都曾分别是不同时期中国境内

安全的最大恐怖威胁。但若将“疆独”与“藏独”相比，未来“东突”对中国政府和中国社会稳定和公共秩序的威胁更大。主要因为：

1. 两个组织联系境外反动势力的侧重点不同。“藏独”更多联系的是西方政府和政界高层人士，如以达赖为首的“藏独”分裂势力近年来主要走的是西方游说路线，即便“藏青社”采取比较极端的暴力路线，与印度一些反华势力相勾结，但因其信奉的宗教不同，目前还尚未发现他们与南亚一带的伊斯兰极端恐怖势力合谋共事的证据，因而即便策划恐怖暴乱，外国反华势力的参与有可能，但国际恐怖主义组织势力的介入目前尚缺少合适机会。相反，“东突”不仅也推行游说西方政界人士的联系方式，但因其与中东地区的“基地”、车臣等恐怖主义组织有共同的极端伊斯兰教宗教信仰基础，且近年来与“基地”、车臣等恐怖主义组织的来往和联系有日趋密切之势，这使得一些想支持他们的西方政界人士也不得不对他们持顾虑态度。但是，由于有中东地区的恐怖主义组织介入，“东突”组织策划的恐怖暴力袭击活动更容易获得境外其他恐怖主义组织的支持和保障。

2. 两个组织的精神领袖存在着不同的更新换代期。“东突”的精神领袖已经完成了更新换代，例如，旅居土耳其 80 多岁的“东突”大头目白根 2009 年虽然已经撒手尘缘，但他组织成立的“东突民族代表大会”却早在 2003 年前就已交班给了安尼瓦尔江。“东突”另一个组织“世界维吾尔青年代表大会”的领袖、旅居德国慕尼黑的 70 多岁的艾沙，也已经于近年将接力棒交给其子艾尔肯·阿尔普泰金。但是“藏独”的精神领袖还没完成这个更新换代期，它们从组织层面上面临最大的一个问题就是新老交替问题。达赖喇嘛如今已进入 90 多岁的古稀之年，已没有多少年的活头。流亡海外的达赖喇嘛如果客死他乡，他指定的所谓

“转世灵童”因其严重违反藏传佛教的有关转世灵童的指认程序，得不到中国中央政府的承认，且不说其合法性地位会受到藏传佛教徒们的质疑，就是其地位即便获得承认，但要在十年之内就能形成像当今十四世达赖喇嘛在西方和其“藏独”分子组织内部那样的影响力也是不可能的。因而，不完成“藏独”组织的精神领袖的新老交替问题，不确立“藏独”组织内部新一代精神领袖无可挑剔的权威地位，“藏独”组织内部以往的那种较强的统一协调能力会出现一个衰退期。也就是说，十四世达赖喇嘛死后，“藏独”组织内部没有十年功夫，要在三五年内迅速培养或形成一个像达赖那样的一个精神领袖是不大可能的。

如何从根本上预防和打击民族分裂恐怖主义，这是中国反恐在未来较长时期内的工作重心。

三、中国当前反恐成就与不足

国家政府反恐专门决策部门主导，各级党政机关、企事业单位和街道居委会共同参与，群防群治，形成了有中国特色的较为严密的反恐安全防范机制。我国成功主导没有美国参与的《上海合作组织》，联合开展打击恐怖主义、分裂主义，极端主义。取得了国际反恐合作的丰富经验。国家层面的反恐专业队伍和部门正向精专方面发展，反恐武器和相关技术设备和器材配备精良，机构专业协调快速。全国人大常委会通过加强反恐怖工作有关问题的决定，使反恐有法可依。

中国在防恐和反恐上存在的不足之处是：

1. 反恐部署和用力不均。反恐部署有的地区和单位防范过度，有的地区和单位又明显防范不足。比如，我们有的大型国际体育赛事或国际会议活动，较注重重型武器的排兵布阵，甚至将火箭、导弹和装甲车等超大型的重武器都使用上，排兵布阵大型规模化，以抵御战争型或集团军侵入的方式防范，这出于威慑敌对势力或对外宣传还是需要的，但我们在抓大规模化排兵布阵的同时，往往容易对散兵游勇式的攻击防范和重视不够。其实现代恐怖主义的袭击更多的是小型式或微型化的行为举动，常常是一些常态化的近距离人体接触，更多是一些单兵个体行动。反恐部署和用力不均就容易丧失反恐的针对性和精确性，甚至有可能会出现防范死角和漏洞。令美国担忧的不是恐怖分子发动大规模攻击行动，而是“独狼式的恐怖行动”，也就是个人单枪匹马展开屠杀。

2. 反恐做法老套，不够专业化，前瞻性不足。不少地方甚至简单地把公安对付刑事犯罪或上访示威的办法套用。我们现在的一些反恐安保防范措施，重在排兵布阵，重在交通管制或限行，更有的是采取人海战术，大批量动用警力。其实，这样的防范布局较为老套，且较为浪费安保资源，增加安保不必要的成本开支。外国安保部门采用这种防范方式多是对付上访群众或游行示威群众，若采用此方法对付恐怖暴力行为，只具备威慑性，或至多只能对付非自杀性的恐怖暴力袭击，而很难具备对现场发生自杀性暴力袭击事件制止的针对性、精确性、有效性。一般说来，对自杀性恐怖袭击的最有效成功防范多是在被袭击目标的50米活动半径之内。50米内的安全有保障，那么被保护目标的安全就会有保障，自杀性恐怖袭击就不会成功。因而，在安保防范问题上，一是应严密跟踪锁定安保目标50米活动半径内的可疑移动人群或可疑物体或目标；二是设法移动屏蔽安保目标50米活动半径的电子信号，避免人肉炸弹通过遥控器引爆爆炸物。

3. 缺乏实战经验和理论指导。我国长期以来国泰民安，社会和谐，人心思稳，不存在西方社会所面临的严重恐怖主义威胁。这是好事，但同时也造成一些专业部门普遍缺少反恐实战经验和理论指导，其反恐认识也多停留在一些理论研究和学术分析上，缺乏对国际恐怖主义深层次的认知。比如，我们对从劫匪手下解救人质有突出的长项，但是面对一个人肉炸弹的临危处置，我们的不少反恐队员还普遍缺乏有效的应对办法。

四、策略建议

1. 加大反恐信息和情报的人员和资金投入，特别是加大对恐怖主义组织内部的打入或安插内线接密人员。美国成功击毙本·拉登，关键在于策反人员提供的情报准确和及时。以色列对付一些穷凶极恶的恐怖主义组织能立于不败之地，就在于它总是能及时获得恐怖主义头目的准确活动情报，然后采取导弹突袭将其炸死。以色列反恐部门成功用导弹炸死亚辛就是一个最成功的例子。我们现在的问题不是人员和资金投入不够，而是部门参与过多，投入不够集中。反恐情报工作不像刑事治安情报工作，不宜搞群防群战，有一两个部门专事负责参与即可，否则单位或部门参与过多，容易造成信息或情报重复、过量，失去精确性和权威性，甚至会激起一些部门或单位为争取一点维稳经费群起而上，以至弄虚作假。

2. 迅速提升反恐安全部门的快速应急反应能力。按照国际大型活动安保反恐惯例，在一级安保防范区域对恐怖暴力行动的有效制止一般必须是在 20 秒内完成；而在二级安保防范区域内，对恐怖暴力行动的有效制止一般不得超过 40 秒。与国际反恐安全部门对打击恐怖主义势力的快速应急反应能力的标准相比，我们还有比较大的差距。

3. 重点要防范和打击自杀性恐怖分裂势力。打击恐怖主义最难防范的是自杀性恐怖主义。这类恐怖袭击，由于它既不需要现场踩点，又不需要到现场勘察和设计逃生路线，安保部门事前很难发现它的蛛丝马迹，缺少警觉和应对准备，事后当事人烟消灰灭，无法追踪，很容易成为无头案。因而，对付自杀性恐怖主义需要有一套较高超的应对办法和措施。比如，情报的及时和精确，侦查和识别技术的装备精良，人肉炸弹的临危处置得当，等等。

4. 专家和专业队伍相结合。反恐是一项专业性强，技术和战术要求极高的工作，不能简单用公安部门对付刑事罪犯的方式应对。其实，恐怖主义与刑事犯罪最大的不同点是，它是一个组织因政治或主义而与政府和人民为敌，而不是因个人或经济原因单兵作战，他们是一群使用高技术手段的敌人。这里强调的专家不是学术理论研究的教书匠，而是拥有大量实战经验和理论知识的业内精英。遗憾的是，我们现在许多被封为“反恐专家”头衔的人士，缺少实战经验不说，很多人甚至连恐怖分子是什么样子都没见过，因而也只能在课堂里或教案上空谈恐怖主义定义和反恐概念，这对我们的反恐实践与事无补。我们应多与俄罗斯、以色列、土耳其和巴基斯坦等国的反恐部门加强培训合作交流，他们的反恐实践经验比较丰富。

5. 建立更加严密的反恐防范社会体系。培育社会公众对严打恐怖主义的支持和配合意识，建立更加严密的反恐防范社会体系，使国际反华恐怖主义“木马”无孔可钻，无机可乘。

6. 严防国际自杀性恐怖主义传教士侵入中国，特别是要严防什叶派穆斯林到中国的传教。严禁中东地区穆斯林人员进入中国，特别是新疆等地进行宗教活动，对来自阿富汗、土耳其等国的穆斯林到中国参加宗教活动，要严密监控，防止境外组织通过宗教活动提供资金、技术或为自杀性恐怖袭击进行培训。在国际恐怖主义活动中，最喜爱采用人肉炸弹袭击方式的是伊斯兰教中的什叶派，比如，车臣组织、埃及的穆斯林兄弟会、孟加拉的猛虎游击队、亚辛领导的哈马斯、黎巴嫩真主党，等等。逊尼派的极端伊斯兰恐怖主义组织虽然也从事恐怖暴力活动也，但较少采用自杀式袭击，多是打了就跑，故较好防范。

7. 做好国际工作，有效减少境内外三股势力的勾连。(1) 中亚地区和国家是防范东突恐怖暴力输入新疆的重点地区，上海合作组织成立后凸显了我国在区域合作组织中的外交主导作用，但也应看到，由于相关国家区域经济一体化合作的发展，客观上也为东突组织利用沿线国家通关便利的交通设施运送武器、人员进出提供了极大的便利条件。中国需强化与中亚地区和国家的军事和警务合作，并加大对这一地区和国家的经济援助，多搞一些援助工程项目，提高中国政府在当地民众的影响力。

(2) 注意寻求最有效的国际斗争宣传方式和策略，继续打压达赖喇嘛和热比娅的国际活动空间，淡化其所谓精神领袖的形象。要注意宣传上的反效应，不要简单地为批而批，要避免帮助他们做“广告宣传”，不要因为我们批了他们反成全他们在恐怖主义组织的精神领袖作用。揭露他们要大打“证据牌”，通过揭露他们的各种活动证据，来揭露他们的真实面孔。对外宣传要减少标签式的批判用语，多做揭露性报道，多用政法部门的调查结果或他们提供的调查结论，特别是法庭调查或审判。

(3) 切实加强与相关国家的军警和情报合作，加大防控力度，切实切断境外蒙独、藏独和东突分裂组织与境内分裂组织的各种联系和来往。特别要注意他们使用互联网、手机等现代化通讯工具的秘密联络。

8. 善于疏导和控制市民的恐慌心态和情绪。（1）恐怖危机事件发生后，城市应急处置的核心是“控制”，而控制的核心又是控制市民的恐慌心态和情绪，而控制一个城市民众的心态和情绪，重要的就是控制媒体舆论。控制了舆论也就控制了局势。要管制住一切可能扩大恐慌心理的言论和信息，尤其在突发事件期间手机短信和互联网信息将会成为民众最大的舆论导向，甚至会超过平常的主流媒体。要用最大努力将手机和互联网的舆论严格管控住。要将舆论纳入我们有效疏导民众恐慌心理的战略的一部分。管住舆论有助于事件本身的尽快解决。正确引导社会舆论，可以起到广泛的社会动员、社会组织功能，有助于迅速集结力量，高效开展救助工作。

我们知道，不论是什么性质和规模的城市危机，都必然不同程度地会给城市造成诸如停水、停电、人员伤亡、财产损失等破坏，在人群中产生混乱和恐慌，甚至对政府的愤怒。而市民这种恐慌或愤怒心态如果得不到及时疏导，会传染或发酵成更大的“恐慌流”、“愤怒流”，这不仅会妨碍政府救援行动的实施，而且更有可能扩大事态，引发骚乱，酿成更大、更深层次的危机。

（2）要特别注意避免将刑事案件引发成恐怖主义案件，注意避免将本地问题引发成民族问题，注意避免将小范围事件引发成大范围甚至是国际性事件。

（3）提升民众的安全感。降低民众安全感会打击和破坏政府的行政运作能力，恐怖主义通过降低安全感和破坏日常生活秩序来打击政府的运作能力，其战略目标是企图驱使舆论压迫政策制订者屈服于恐怖分子的要求。这样，人民就成了恐怖分子手中达成政治目的的一个工具。

（4）对恐怖危机事件的定性务必准备充分，没有把握的事情不宜急于表态，以免被恐怖主义分子和组织利用，或无形中提升他们的影响力。

水问题与国家水安全战略思考

华中科技大学公共安全预警研究中心主任、博士生导师　佘廉

一、水问题：当前与未来的严重困扰

（一）水问题威胁人类安全和国家安全

水问题古已有之。中国古代几千年就一直困扰于黄河泛滥造成的两岸生灵涂炭及其巨大经济损失。然而近代以来，国家和地区之间不断加剧的水冲突，使得水问题开始引发各国安全战略的普遍关注。

1. 国际关系中的水冲突。国际间因水资源冲突而爆发国家间战争的历史触目惊心，如西亚地区围绕水资源的战争。1956 年为争夺苏伊士运河的控制权而引发的第二次中东战争，在很大程度上可以归结为一场为争夺水资源控制权而爆发的武装冲突，其后持续延绵的五次中东战争，双方都将摧毁敌人的供水系统和水源作为首要战略目标。联合国环境规划署指出，非洲是目前世界上缺水最严重的地区，在全球没有安全饮用水的比例最高的 25 个

国家中有19个是非洲国家。埃及、埃塞俄比亚、突尼斯和苏丹等8个从尼罗河取水的国家，在饱受缺水压力的同时也一直就水资源的分配问题争论不休，造成了共享尼罗河水资源各国矛盾的累积，埃及总统曾对埃塞俄比亚在尼罗河上游蓄水筑坝计划给出强硬回应："单单水的问题，就能促使埃及投入新的战争"。

南亚地区围绕水资源的纷争也是由来已久。印度和孟加拉两国在恒河水资源分配问题上就存在激烈纠纷。2005年4月16日，印度安全部队企图在邻近孟加拉国的阿考拉地区没收孟加拉农民的取水灌溉设备，遭到孟国步枪队的阻拦，双方发生激烈武装冲突。孟加拉国一再警告印度；"新德里要想主宰恒河，那就是对1亿多孟加拉国人民的宣战。"

2. 我国治水历程的风险演变。我国人民为减灾防灾、谋取社会安定与福利，长久以来采取了拦河筑坝、跨流域调水的水体干预行为：筑坝使洪水向安全的方向流动和分布，并把自然流动的水蓄起来按照人类需求进行调度；修渠则将水由丰沛之地搬向涸渴之地。都江堰工程、京杭大运河在我国发展历史上书写了辉煌的篇章。然而，在现代化的社会进程中，各类各样的的人类水体干预行为开始引发复杂的自然环境变化与社会风险问题。我国的三门峡水库、南水北调工程、鄱阳湖筑坝水利枢纽工程动议等，已引起了人们的广泛关注。

三门峡水库是黄河上修建的第一座以防洪、防凌、供水、灌溉、发电为目标的大型综合水利枢纽。工程运行几十年来取得了不小的效益，也引发了巨大的负面影响：破坏了三峡地区的生态平衡，动物迁往他乡或者在此绝迹，泥沙淤积使得陕西潼关水位持续走高，造成渭河流域水灾频繁，威胁人口密集的有"八百里秦川"之称的富饶的关中平原。与此同时，工程产生的大规模移民被安置在自然环境极端恶劣、土地贫瘠、水资源缺乏的黄土高原沙漠边缘，基本生活难以维系，很多移民被迫返迁，不仅浪费了国家对移民工程的巨大经济投入，更导致了返迁移民为争夺土地而与库区周边居民的冲突。上述多种负面效应的叠加使得三门峡工程被指为失败的公共决策。

南水北调工程是缓解我国北方水资源严重短缺局面的一项重大战略性工程。当前在建的中线工程，可为京、津及河南、河北沿线城市生活、工业增加供水 64 亿方，增供农业用水 30 亿方，大大缓解京、津、华北地区的水资源危机。然而，南水北调中线工程水源地的大量提水，必将引起长江最大支流汉江水域环境的变化。若引水 100 亿立方米，湖北省汉江两岸供水区缺水将达 10 多亿立方米，汉江各支河段流量将大幅度减少，势必导致两岸灌溉工程渠首移位、渠道重修，甚至打乱整个灌溉系统。这将对、湖北造成难以估量的损失，对河流生态产生难以逆转的影响。为了补充南水北调造成的汉江水枯竭，2010 年 3 月 26 日，湖北的“引江济汉”工程动工。然而令人担忧的是：一旦遭遇长江枯水期，无水可调的长江在顾及长江中下游广大地区的饮用水需求的同时，如何补水给汉江？

处在另一争议漩涡的水体干预议题，是尚未在国家层面获得批准，但一直为江西省力推并拟进行最大规模投资的鄱阳湖筑坝水利枢纽工程。三峡大坝蓄水与沿江湖泊争水的后果，导致鄱阳湖环湖区的水资源供需矛盾不断加剧，江西省试图用“三峡的手段”抵消三峡大坝对鄱阳湖造成的影响，以此缓解长江上游水库群调蓄带来枯水期的江西水资源短缺问题。然而，作为长江流域最大的湖泊，历年统计鄱阳湖每年流入长江的水量约占长江流域年均径流量的 16.3%，因此，鄱阳湖水利枢纽工程不仅关系到长江下游省市的用水安全和生态环境，还可能诱发中下游流域湖泊地区的诸多连锁反应和生态环境的重大变化，同时还关系到鄱阳湖五大水系的耕地保护、粮食安全、生产生活用水、生物多样性和血吸虫防治等重大问题。

3. 当前对水问题严重性的国际共识。对于水问题可能引发的严重后果，许多国际组织给出了警告。1977 年，联合国水问题大会提出：水不久将成为一种严重的社会危机，世界石油危机之后的下一个危机便是水。1994 年，联合国发展计划署（UNDP）在其发表的《人类发展报告》中发出警告，水危机对经济的破坏是任何恐怖主义袭击所无法比拟的，水安全问题可能引发的严重冲突甚至会威胁传统意义上的国家安全。1996 年联合国“对世界淡水资源的全面评估”的报告中第一次提出：缺水将严重制约下世纪的经济和社会发展，并可能导致国家间冲突。1997 年联合国大会再次呼吁：当前地区性的水危机可能预示着全球性危机的到来。

（二）解困水问题的水体干预行为形成新的社会安全威胁

人类为防灾减灾、水利开发进行了数千年的水体干预活动。依据水在地球上主要以地表水、地下水和大气水的三种存在形式，人类采取了不同的干预方式：

1. 地表水的人工干预，主要是调水工程、蓄水工程、引水工程，主要解决水量的局部分布不均或者通过径流量的调节来避免水灾害，这类工程还可以开发水在航运和发电等方面的潜在生产力。如我国著名的京杭大运河和长江大坝及其水电站；

2. 地下水的人工干预，主要采取提水工程来抽取地下水，保障人类生活饮用水的供给；

3. 气态水的人工干预，主要是人工降雨与驱雨。近年来人类将水体干预行为的触角延伸至大气水资源，通过人工手段改变大气水资源的分布从而改变降水的分布。

提、调、引、蓄等水利工程是人类干预水体的常用手段，大都具有综合社会效应：防洪抗灾、解决水资源分布不均、局部水资源短缺，并且能够开发水资源的发电、航运等生产力。四类水利工程在世界各国解困水危机中扮演了非常重要的角色，近代以来发展中国家的干预行为热情尤其高涨。以筑坝为例，据世界大坝委员会（World Commission on Dams）2000年统计，全球大约有45000座高度超过15米的大型坝，大约有80万座规模稍小的坝，上个世纪世界各国仅筑坝投入资金就高达2万亿美元。我国的铜罐驿提水工程、南水北调工程、引滦入津工程、三峡大坝工程等，即是典型体现。

这些水体干预行为在缓解用水短缺，收获发电、航运、灌溉、旅游等收益的同时，也直接导致了局部地区的自然生态和社会系统的剧烈变化：迫使大规模人群迁移和安置、破坏水生生物的栖息地、影响河流和海洋流域的水文动力、造成局部地区土壤养分变迁。这些干预的直接后果在复杂的社会系统的耦合、连锁作用下，已经对社会政治、经济发展、生态环境产生了持久的难以预计的负面影响，我国的三门峡工程便是这类后果的典型代表。鉴于历次中东战争、印巴战争的教训，此类水体干预后果隐含另一种巨大的风险：引发国际争端而成为国家安全的新威胁。我国西南地区三江流域的开发构想引发周边国家的严重担忧，已在提醒我们，需要采取更为长远、更具国家整体安全利益的水安全战略思维。

上述水体干预行为引发新型安全威胁的风险，由于其影响释放周期长、影响层面过于宽泛、影响链条过长、影响范围不确定，很难在国家规划水体干预行为之初，纳入当前通行的以经济评估和环境评估为主的规划范畴中。经济评估主要估计工程建设的成本与收益，环境评估主要估计对水体、河道、水生生物产生的影响是否在环境容量承载范围。这种相对狭窄的评估方式，使得历史上许多水体干预工程在论证通过并投入巨资建成，若干年后却不得不承认水体干预决策的失误，诸如埃及的阿斯旺大坝、我国的三门峡大坝、以及美国目前的许多拆除水坝行动。究其原因，在于对此类水体干预行为的超长期风险后果的多维度认识不足，导致许多在规划评估中完全不涉及或者没有预料到的负面影响，给社会发展带来了意外的甚至是难以逆转的祸患，不仅让此水体干预行为本身存在的价值和意义大打折扣，还让自然生态和社会发展付出了高昂的修正代价。

我国是世界上拥有大坝最多的国家，共修建了数以万计的水库，总库容已达 4600 亿立方米，其中坝高超过 15 米的就有 22000 余座。在世界拆坝运动逐渐兴起的形势下，我国也是当前世界唯一一个大坝修建增长率持续走高的国家。如何在水问题治理方面使社会收益与风险规避之间建立一种长久的均衡态势，是未来我国社会发展中的一个必须面对的困难选择。诸如我国关于鄱阳湖筑坝议题、大西南调水议题等的争议与评估，不仅涉及的国土领域与社会领域巨大，而且还涉及流域邻国的利益与疆土安定的长远问题。因此，必须正视这类行为可能引发的新型风险与安全威胁，理性分析人类解困水问题的干预行为引发新威胁的路径与后果，并由此建立国家整体的水安全战略。

二、水体干预行为引发安全威胁的路径

以提、调、引、蓄四类工程为代表的地表水和地下水干预行

为，以及以人工降雨为代表的大气水干预行为，在缓解水资源短缺、平衡局部水资源分布不均、规避水灾害风险、获取交通、发电、灌溉、旅游等多项经济收益的同时，也对自然生态和社会经济甚至是国家稳定产生了很多负面影响，对人类安全和国家安全形成了强烈冲击。图1以蓄水工程——拦河筑坝为例，详细说明水体干预行为诱发水短缺、水污染、水灾害、水冲突等安全威胁的风险的路径。

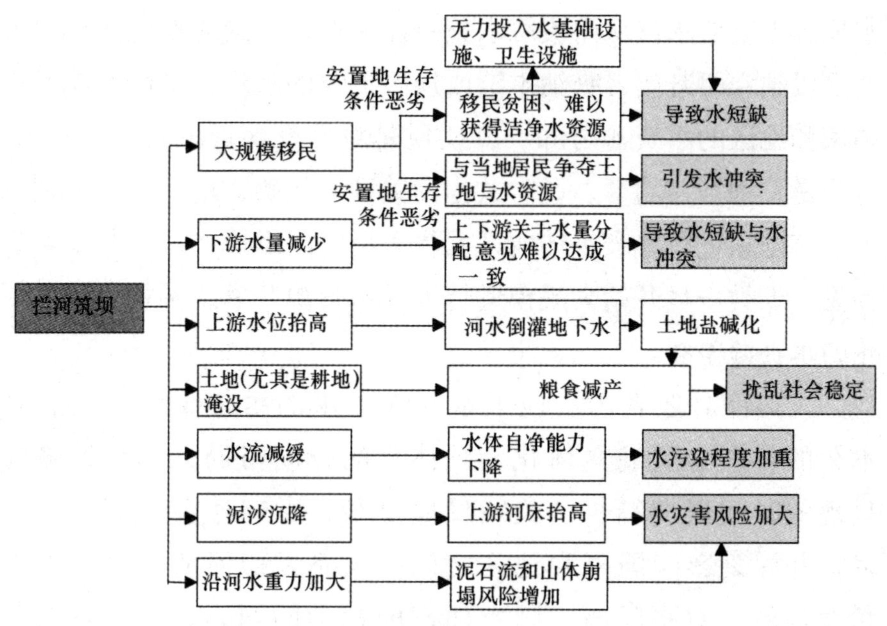

图1　筑坝工程诱发水安全威胁风险的路径

上述水体干预行为直接作用于水体自然形态，其可能的风险后果（见图1）已被社会历史反复验证：大规模移民、耕地淹没、泥泞沉降等，所可能产生的诸多负面作用力，经过社会子系统之间复杂、密切的作用链条进行连续扩散，将灾害性影响向从深度和广度两个方向，向自然生态和社会系统扩散，最后导致的灾害性后果不仅危及人体的健康、生存，亦可能引发社会和政治的动荡，甚至存在影响全球秩序的潜在可能。

值得注意的是，人类为了进一步扩大水资源的开发，已经开始探索一种革命性的水体人工干预方式：直接对淡水资源的主要来源——水汽，进行人工干预，试图通过改变大气水的空间布局而改变地表水资源分布，达到缓解水资源短缺、减少水灾害风险的目的。例如在干旱地区的上空释放干冰进行催雨，或者驱赶洪水地区上空的水汽从而缓解水灾害。显然，一国或者地区通过人工手段独立驱赶或者吸纳本国或地区上空的水汽，从而影响其他国家和地区的水资源分布，其实质是对共享水资源的开发行为，应当是一种利益均享、风险共担的关系。显然，这比共享界河的上下游国家进行地表水体的开发行为更难以形成协调框架。可以预见，人类一旦开始大规模进行大气水资源开发，必将引发新一轮的水资源争夺。

人类针对地表水、地下水、气态水的水体干预行为，在不久的将来会呈现立体化、整体化的行动格局，其后续效应呈现的时间周期趋长、关联反应复杂、影响社会功能领域众多，并深刻影响国家和地区之间的关系。如何从战略博弈的角度积极应对水问题、因水而起的社会问题，是当今社会管理与国家安全政策的重大选择问题。显然，当前的涉及水问题的理论概念与政策框架，不能有效涵盖此方面的复杂关系与全部内容，需要从国家战略高度上，基于水体干预对国家安全的全面、持续的风险影响，建立新的水安全概念内涵与博弈的战略理论。

三、国家水安全战略内涵

（一）水安全概念的基本内涵

近年来，多学科、多领域基于不同的研究视角对水安全的内涵给出了自己的理解：水文学的学者将水安全界定为水在空间上的合理分布以及水量的有效供给[4]；研究发展的学者将水安全理解为可靠的水基础服务；美国国土安全部在“9·11”之后基于反恐的目的将水安全定义为“运用各种反恐的手段和措施确保饮用水基础设施的安全”；政治学学者则将水安全定义为有关国家安全以及减少由于环境退化导致的水冲突。这些定义由于所持视角或者背景、目的不同，仅仅从某个侧面阐述了对水安全的理解，因此难以得到国际学术界的广泛认同和支持。

2000年第二届世界水论坛提出的水安全定义，是第一个在学术界获得较广泛认同的水安全定义。在论坛上，全球水伙伴（Global Water Partnership）组织对水安全做出了如下定义：水安全无论是在家庭层面还是全球层面，都意味着每个人都能够以可支付的价格获得安全的用水，从而满足清洁、健康和生产的需要，同时还需确保自然环境得到保护和加强。

随着水安全在各个领域和层面对话的不断进行，国内外学术界都出现一些获得广泛关注和支持的水安全定义：

Emma Norman和Karen Bakker等人认为，能够以可接受的水质稳定获得足够量的水，从而确保人类和生态系统的健康便是水安全[5]。成建国等提出水安全是指这样一种社会状态：人人都有获得安全用水的设施和经济条件，所获得的水满足清洁和健康的要求，满足生活和生产的需要，同时可使自然环境得到妥善保护[6]。Grey 等认为，水安全是指水的质和量在一个可接受的程度能够满足健康、生命、生产以及生态的需要，同时与对人类生命健康、自然生态环境以及社会经济造成危害风险在一个可接受的范围内[7]。海牙世界部长级会议宣言中提供的水安全亦给出了描述性定义，宣言中提出水安全的含义是：确保淡水、海岸和相关的生态系统受到保护并得到改善，确保可持续性发展和政治稳定性得以提高，确保人人都能够得到并有能力支付足够的安全用水以过上健康和幸福的生活，并且确保易受伤害人群能够得到保护以避免遭受与水有关的灾害威胁。

上述关于水安全内涵的论述，基本上是基于不同理论学科、不同社会活动领域的角度而建立的分析与判断。显然，上述四种内涵及属性，无法涵盖水体干预行为所产生的复杂社会效应，特别是对国家安全的风险与威胁。然而，至今还没有一个综合的战略性概念能够全面涵盖更大范围、更长周期、更多安全功能的水安全管理要素。由此，笔者认为，在承继上述水安全内涵的基础上，建立新的水安全概念，它应当包含以下四个基本内容：水资源安全、水环境安全、水灾害承载、水冲突规避。

1. 水资源安全，指人人都能够得到并有能力支付足够的清洁用水确保健康、生命的需求，同时水的质和量满足生产的需要。水资源安全遭到威胁在现实中主要以水短缺的形式反映出来。水短缺所带来的灾害性后果不仅让人的健康生命受损、经济发展受阻，其对于粮食安全的连锁影响甚至会波及境内外的社会秩序。由此可见，水资源安全遭到威胁的破坏性后果主要体现水安全内涵的社会属性。

2. 水环境安全，指水的质和量能够确保自然环境和生态系统得到妥善保护。水环境遭遇威胁在现实中主要以水污染的形式反映出来。水环境安全遭受破坏将使得水体的良性循环和水生态系统的稳定难以维系。其主要体现水安全内涵的生态属性。

3. 水灾害承载，指确保易受伤害人群能够避免遭受与水有关的灾害威胁或者使得其威胁限制在人类社会可承载的范围内。水灾害主要包括水灾和旱灾，这两种灾害的发生主要受气候变化的影响，是水安全内涵的自然属性的体现。

4. 水冲突规避，指共享水资源的国家或者地区避免因为水资源开发、水污染等问题引发武力冲突，确保共享水资源的国家和地区和平利用水资源。水冲突体现了水安全内涵的政治属性。

（二）基于博弈的国家水安全战略

本文对水治理问题所产生的更大范围、更长周期的社会发展风险与国家关系损害隐患的讨论，已彰显水安全问题可能成为国家长远发展、国家持久稳定的制约因素，必须在国家层面、运用国家力量进行全局性筹划与战略性管理。在此，本文在水安全内涵所包含的四要基础上，提出国家水安全战略的基本定义："满足国家的社会安定和国防安全的需求，规避对社会发展构成重大威胁的社会安全和其他非传统安全事件所引起的风险与威胁"。

无论是自然环境还是水体干预行为的作用，水问题产生的水安全威胁，在我国今后的社会进程中将诱发越来越多的社会问题，以至于影响地区关系与国家关系。需要国家在安全战略和社会综合管理层面给予足够的重视，进行审慎科学地决策以及充分的政策准备。本文所建立的水安全概念，不仅能够全面刻画水体干预行为所形成的安全风险，还能够从长远的和国际化的视野来规划和制定我国水安全战略的任务。诸如：如何制定中国水安全的战略和目标，如何建立整体的涉及水问题的政策框架，如何开发冰川与水气等新型水资源供给，如何维护国内地区间的水资源均衡与社会和谐，如何基于国家安全加强水资源领域的国际合作等等。这些重大国家战略行动的思考，将在大尺度、大周期、大安全视野的水安全概念下，得到全面的演绎与分析。只有对水体干预行为引发的多维度的水安全风险与威胁进行深入探索和科学评估，才可能减少类似于美国“9·11”事件给国家安全研究领域带来的缺憾——没能预见一个源于非军事领域的现象会演变成传统安全层面的挑战。

参考文献

[1] 余潇枫. 非传统安全与公共危机治理 [M]. 杭州：浙江大学出版社，2007.

[2] United N. Human Development Report [R]. New York: United Nations Development Programme, 1994.

[3] Hassan R M, Scholes R, Ash N. Fresh Water [M]. Ecosystems and human well - being: current state and trends, NW, Washington, DC: Island Press, 2005.

[4] Falkenmark M, Lundqvist J. Towards Water Security: Political Dertermination and Human Adaptation Crucial [J]. National Resource Fourum. 1998, 21 (1): 37 - 51.

[5] Norman E S, Bakker K. Transgressing scales: water governance across the Canada - U. S. borderland [J]. Annals of the Association of American Geographers. 2009, 99: 99 - 117.

[6] 成建国，杨小柳，魏传江. 论水安全 [J]. 中国水利. 2004 (1): 21 - 23.

[7] Grey D, Sadoff C W. Sink or swim? Water security for growth and development [J]. Water Policy. 2007 (9): 545 - 571.

对调处涉台突发事件的分析与思考

中共江苏省委台湾工作办公室　桑登平

随着两岸关系和平发展进程的不断深入，台海双方在各领域内的交流与合作事务的逐日增多，一些涉台突发事件也就不可避免地会发生，集中表现在突发公共事件和涉及台商权益保护两大类。积极稳妥地应对和处理好各类涉台突发事件，力争将事件的危害和影响降到最低，是做好对台工作的重要组成部分，是进一步贯彻“寄希望于台湾人民”的方针，促进祖国和平统一大业的重要举措。

一、两岸关系和平发展新时期对涉台突发公共事件的处置情况

2008 年国民党在台湾重新执政，台海局势发生了重大变化，两岸关系进入了和平发展新阶段，传统的安全因素（即政治与军事）对于两岸关系的影响逐渐下降。但是，包括涉台突发公共事

件在内的非传统安全因素对于两岸关系的影响在不断上升，且逐步成为新时期影响两岸关系和平发展的重要因素。

（一）两岸携手合作处置突发公共事件

2008年6月，大陆海协会和台湾海基会（简称：“两会”，下同）恢复接触后，立即建立了会长与董事长、常务副会长与副董事长间各层级的联系机制，恢复了两会副秘书长级的紧急事件联系人制度。这些举措在协助有关方面妥善处理各类涉及两岸同胞权益的突发事件，维护两岸同胞正当权益等方面发挥了积极作用。我们从海协会常务副会长郑立中2010年1月8日在海协会第二届理事会第二次会议上所做的会务报告里可以看到，在短短的一年多时间里，两会在处置两岸突发公共事件方面就显现出相互照应、携手配合的合作精神。

在一年多的时间里，大陆各地台办共上报涉台突发事件144起，涉及死亡129人，失踪33人，受伤73人。海协会指导和协调有关方面，本着以人为本的精神，以事实为依据、以法律为准绳，与台湾海基会相互配合，妥善处理了台轮“太平洋168号”海难救助、佳木斯车祸、南京灵谷寺赴台交流团命案、东莞大朗镇“6·15”故意伤害台商致死伤案、“三聚氰胺”奶粉输台事件等多起重大涉台突发事件，没有因一起涉台突发事件的处理不当而带来消极后果，维护了两岸同胞的正当权益，维护了两岸关系和平发展的积极氛围。

值得一提的是，在全球影响巨大的2008年5月12日汶川大地震和2009年8月8日台湾的“莫拉克”风灾，这两场突如其来的灾难，虽然给两岸同胞的生命和财产安全带来了严重损害，但实实在在地体现出两岸同胞中华儿女的骨肉真情。在应对两起天灾的过程中，海协会承担起急难救助的责任，通过与台湾海基会的联系、沟通、合作，把两岸同胞的救援资金和援助物资传递到对方，架起了两岸同胞爱源于根、血浓于水的心灵之桥。

汶川大地震发生后，台湾社会各界以各种方式向灾区人民表达关切和慰问，用实际行动帮助受灾群众恢复生产、重建家园。与此同时，海协会也密切关注震情，了解在川台胞、台资企业受困、受损的情况。并以最快速度协调四川省政府将 100 多个台湾旅行团队的 2897 名滞留台胞转移到安全地方，并积极促成台湾华航等 4 家航空公司出动 9 架次包机接运受困台胞，使他们安全返台，获得岛内民众的赞许。而台湾各界对汶川灾区的积极捐款累计达到 6.7 亿元人民币，为使这笔善款得到有效合理的使用，海协会积极参与制定台胞捐赠资金支援灾区重建项目的规划。之后，按照国务院有关要求，全部款项已转交四川、重庆、陕西、甘肃等地震灾区用于 133 个项目的恢复重建。

“莫拉克”台风在台湾中南部造成重大灾害后，大陆各界迅速向受灾台胞提供援助。8 月 19 日，胡锦涛总书记代表大陆同胞对受灾台湾同胞表达关切和慰问，表示将继续向台湾同胞提供救灾援助，支持台湾同胞搞好灾后重建，这在岛内引起积极反响。国台办也提出了大陆方面的捐助要面向台湾中南部灾区、面向基层受灾民众、面向最需要的领域和项目的具体要求。以此为指导，海协会积极开展了对台救灾援助的组织和指导工作，在慰问台湾受灾同胞的同时，积极组织大陆社会各界向台湾灾区捐款捐物。据不完全统计，大陆及港澳各界和海外侨胞通过多种渠道向台湾受灾地区的捐款累计达到 14.18 亿元人民币，占台湾接受对外援助的 90%，并已全部转交台湾海基会。与此同时，海协会还紧急协调有关方面，保质保量地生产、调集了 1000 户活动板房、1 万件毛毯、1 万条睡袋、1000 台消毒机等救援物资，在最短的时间里运抵灾区，这对缓解台湾救灾急需起到了积极作用。

海协会和大陆各界对台湾“莫拉克”风灾开展的赈灾救济，是祖国大陆60年来第一次大规模地对台实施救护援助行动，得到了两岸同胞和国际社会的高度肯定。2009年10月以后，随着台湾灾后重建工作的开展，两会又积极联系、协调，同意将14.18亿元人民币的捐款用于台湾灾区的建设项目，其中包括：500户大陆援建活动板房内部设施配套、高雄县溪州大桥、甲仙小学、六龟高中、南投县仁爱乡多功能会馆、屏东县雾台乡伊拉桥等。[①] 由海协会通过海基会以专项捐助的方式，出资4800万元新台币援建款，委托台湾少数民族相关团体改建和兴建的南投县仁爱乡少数民族部落内因“莫拉克”风灾受损、被毁的9座桥梁，已于2011年12月2日全部交付使用。[②]

2010年8月8日，在甘肃舟曲特大泥石流灾害中，台湾方面给予舟曲抢险救灾很大的支持。除了各界通过岛内红十字会捐款、捐物外，还表示要赴现场参加抢险救灾活动；台湾的一些地质专家们也对舟曲的抢险救灾和灾后重建提出了许多合理化建议。

2010年10月中旬，19名大陆游客由于“鲇鱼”台风在台湾失踪的不幸事件发生后，台湾方面积极组织力量进行搜救，在两岸双方的共同努力和遇难游客家属通情达理的配合下，善后事情得到了圆满处理。

（二）两岸携手合作处置突发公共事件的意义所在

两岸加强在处置突发公共事件的合作力度，是新形势下两岸

---

① 郑立中：《在海协会第二届理事会第二次会议上所作的会务报告》，中国台湾网 www.chinataiwan.org 2010年1月29日。

② 陈键兴：《海协会援建台湾桥梁竣工》，《人民日报（海外版）》2011年12月3日。

关系不断发展的一个辅佐，有着不容忽视的正面意义。这些意义在于：一是有利于巩固和强化两岸互信，为两岸将来开展更为广阔的合作奠定基础；二是有利于两岸之间开拓更多的合作领域，促进两岸全方位的交流与合作；三是有利于保护两岸民众的安全福祉，消弭两岸民众之间的误解和分歧，增进两岸同胞的民族感情和相互认同，降低涉台突发公共事件给两岸关系带来的负面影响。[①]

目前，两岸直接“三通”的实现和“两岸经济合作框架协议（ECFA）”的正式实施，为进一步推动两岸关系和平发展打下了坚实的基础。但现阶段推动两岸政治对话与军事安全互信等高阶政治议题的条件还不成熟，而属于低阶政治范畴的合作处置突发公共事件的非传统安全议题无疑有着探索的空间，这完全可以作为两岸寻求合作和增进互信的新途径。[②]

二、由涉及台商权益保护而引发的涉台突发事件

2008年6月，两会恢复正常函件往来后，海协会收到台湾方面特别是海基会来函的数量大幅增加。据不完全统计，从2008年6月3日到2009年年底，海协会共收到台湾方面转来的各类来函4485件（其中海基会来函3868件）；向各部委及地方台办

① 刘凌斌：《两岸推进非传统安全合作初探》，《浙江对台工作》2011年第9期。

② 陈先才：《两岸建立防灾救灾合作机制问题的研究》，《浙江对台工作》2011年第4期。

转办3862件，复函台湾海基会1397件。[①] 这些信函大都是针对台商权益的保护问题而来的。

（一）台资企业（台商）与地方群众矛盾或台商内部纠纷

一是有些群众用不正当的手段对付台资企业或台商，以实现过分要求。二是有些群众因自身利益受到损失，故而想出一些歪法来对付台资企业或台商。三是台资企业或台商损害了地方群众的利益，又没有给予必要的补偿。四是有的台资企业或台商缺乏以人为本的思想，生硬的方式方法引起周边群众的不满。

台资企业内部纠纷在表现形式及产生的原因上，与上述四点矛盾比较相近，不过表现得更加直接。当然，这些矛盾和纠纷的出现，既有双方利益上的纷争，更有观念上的差异。

（二）台资企业与当地行政执法部门发生的矛盾和纠纷

事态主要表现在：一是当地行政执法部门对台资企业服务不够，而处罚却过重；二是因多头向台资企业收费或摊派而引起的纠纷；三是台资企业不认真执行有关法律法规，只顾自身利益，不听政府有关部门的意见或建议，出了问题之后又来纠缠政府。

（三）台资企业在生产或经营过程中与合作对象发生矛盾和纠纷

这主要体现在两个方面：一是由于合同不规范、不完备而引起的纠纷；二是台资企业与合作伙伴之间发生的矛盾和纠纷。这方面的情况较为复杂，一般第一种情况居多。

---

① 郑立中：《在海协会第二届理事会第二次会议上所作的会务报告》，中国台湾网（www.chinataiwan.org）2010年1月29日。

三、大陆各级政府一直以高度的政治责任感重视台商合法权益的保障，并努力为台资企业解决困难

在两岸刚刚有所接触之时，党中央、国务院就开始高度重视台商合法权益的保障工作。各地、各部门认真贯彻中央的指示精神，为保护台商的合法权益做了大量工作，这实际上也是为促进两岸关系的和平发展做出了积极努力。

（一）祖国大陆一直重视对台商权益的保护

1987 年 11 月 2 日，台湾当局正式宣布开放岛内民众赴大陆探亲，随着探亲潮的涌来，两岸间的经贸往来也开始悄悄运作。为了规范和保护尚处萌芽状态中的两岸经贸关系，国务院于 1988 年 7 月就颁布了《国务院关于鼓励台湾同胞投资的规定》，这是为保护台湾同胞来大陆投资制定的第一部专门的行政法规。

1994 年 3 月，第八届全国人民代表大会常务委员会第六次会议通过了《中华人民共和国台湾同胞投资保护法》。保护法的出台，进一步提升了保护台胞投资及其权益的法律层级。

1999 年 12 月，国务院颁布《中华人民共和国台湾同胞投资保护法实施细则》。细则的出台，进一步明确了依法保护台胞投资权益的具体措施。

2005 年 3 月 14 日，第十届全国人民代表大会第三次会议通过《反分裂国家法》，其中明确规定“国家依法保护台湾同胞的权利和利益”，这再一次以法律的形式宣示保障台胞权益。与此同时，最高人民法院、最高人民检察院又分别出台了一系列保护

台胞合法权益的司法解释和规定，为台胞权益的保护工作提供了强有力的司法保障。

自1979年1月全国人大常委会发表《告台湾同胞书》以来，大陆历任党和国家领导人就依法保护台胞的合法权益做出过一系列的重要讲话和指示。1995年，大陆建立了有关台商投诉协调机制，设立了相应的机构。2005年7月，国务院台办成立了投诉协调局，专责受理台商在大陆的事务纠纷。与此同时，国共两党有关工作机构还建立起了保护台商合法权益的工作平台。2006年4月，胡锦涛总书记在会见中国国民党荣誉主席连战时就表示，“凡是关系到台湾同胞切身利益的事情，都要认真对待；凡是对台湾同胞做出的承诺，都要认真履行。”10月，胡锦涛总书记在党的十六届六中全会第一次全体会议上又明确指出：“完善台商投诉工作机制，加强台湾同胞正当权益保障工作”。

为落实胡锦涛总书记的指示精神，2007年1月国务院33个部委成立了台商权益保障工作联席会议制度，形成了共同做好台商合法权益保护工作的强大合力。据不完全统计，2000~2010年大陆各级台办共受理各类台胞投诉、求助案件28215件，协调解决了24084件，结案率达85.4%。一些陈案、积案和较为复杂的案件，有关方面也一直在积极地协调处理。[①]

与此同时，大陆各地都根据自己的实际情况制订了一系列保护台湾同胞权利和利益方面的地方性法规，又根据新形势下两岸经贸关系的发展趋势，重新制订（修订）了当地保护台商合法权益的实施办法。例如江苏省就于2004年下半年，在省台办成立了“台商服务处”，这为进一步加强对台资企业的服务管理工作、帮助他们调解商事活动中的纠纷，协调台资企业与政府其他部门

① 吴亚明：《台商权益 依法维护》，《人民日报》2011年10月21日。

的关系，发挥了积极作用。为进一步维护江苏的投资环境和台商及台资企业的合法权益，2008 年又成立了以省委、省政府分管领导为负责人的“江苏省台湾同胞投资权益保障协调委员会”。2011 年 8 月，省里又选定了 26 名台资企业协会副会长及台商代表担任涉台商事纠纷调解员，利用他们熟悉台商和台资企业生产规律的优势，积极参与解决各种涉台商事纠纷，从而完善涉台商事案件的投诉协调对接机制，实现以法院为主导、多元主体参加的诉讼调解与人民调解有机地衔接。[①]

尽管目前在台商权益的保障工作中仍然存在一些问题，但不容置疑的是，大陆从中央到地方对维护台商合法权益都是高度重视的，其成绩也受到广大台商及台胞欢迎和认可。

（二）祖国大陆对台资企业的扶持更加积极

近年来，大陆有关部门和各地政府为了帮助台资企业解决发展中的困难，努力为其打造稳定、公平、有利的投资经营环境，实现可持续发展，有针对性地采取了一系列帮助台资企业转型升级的政策和措施，帮助解决融资困难、开拓大陆市场。据台湾相关经济分析人士的观察，大陆部分省份出台新一轮优惠政策的特点是：政策越来越具体，操作层面越来越细化，关注点越来越具体，且更具操作性。这已成为大部分台商的共同感受。

江苏省出台了包括进一步支持台资企业转型升级、加强科技创新合作、推进苏台金融合作、推动江苏企业赴台投资、优化台资企业生产经营环境、进一步提供生活配套服务等六项新政。其中对涉及到台商最为关心的生活服务方面的问题也作了细化：普遍开设台胞在江苏各地的就医绿色通道，努力提供便捷、温馨、

---

① 《江苏选定 26 名涉台商事案件调解员》，《台商》2011 年第 9 期。

优质的医疗服务；在江苏境内工作的台籍职工，可参加当地企业职工基本养老保险和城镇职工基本医疗保险，并享受相应待遇；支持办好昆山华东台商子女学校，营造台商子女安全舒适的学习生活环境。

广东省明确鼓励符合条件的台资企业产品进入政府采购市场。政府对台资企业流通业的发展、企业技术改造、科技创新、节能减排等予以专项资金的支持；对台资企业申请认定知识产权优势企业、清洁生产企业等，实行与内资企业相同的申请程序和条件；同时，进一步清理涉及台资企业的各种行政事业性收费。在协助台资企业转型升级方面，广东省相关部门联合成立台资企业转型升级技术服务团、法律服务团，为台商提供服务，还支持省内台商集中的地市出台帮助台资企业转型升级的具体优惠措施。

福建省提出，对台资企业从事技术转让、技术开发、技术咨询、技术服务的收入免征营业税，对技术转让所得的收入减免企业所得税；对台资企业资源综合利用收入按规定享受增值税优惠政策；支持各类信用担保机构为台资企业的融资提供担保；支持生产性企业向服务业转型；支持台湾农民创业园的农业基础设施建设，并予以资金支持。

辽宁省提出，对在大陆上市及收购境外科技型企业的台资企业予以资金的支持和补贴。同时，辽宁省正在全面清理台商在辽投资的相关商事纠纷事件，力争为台商创造良好的投资环境。

国务院台办也表示，当前由于宏观经济形势的变化，大陆台资企业的发展面临新挑战。对于台商所面临的困难，国台办感同身受，并十分关切。针对台商反映比较集中的成本上升、出口市场萎缩、资金和劳动力短缺、土地纠纷等问题，国台办正在和有关部门及相关省市政府在深入研究后，再提出切实有效的政策措施来帮助台资企业。[①]

（三）祖国大陆正以积极的态度支持“两岸投资保障协议”的早日签署

目前，两岸正在积极协商“投资保障协议”的签署，这既有利于进一步加强台商权益的保护，更有利于促进两岸经济合作，大陆对这一协议的商签一直是持积极支持态度的。在两会协商过程中，考虑到两岸之间的特殊情况和台商的需求，大陆方面已最大限度地释放了善意，其中有许多安排已经超出了一般投资保护协议的范畴。

大陆方面的所作所为，目的就是让广大台商在大陆投资觉得安心、放心、称心，以促进两岸关系和平发展的不断深入。这些举动在受到广大台商欢迎和赞扬的同时，也向世间证明，广大台商在祖国大陆的合法权益一定能够依法得到有效的保护。

四、对如何进一步做好处置涉台突发事件的思考

各地在处置涉台突发事件的过程中，摸索和总结出许多行之有效的方法和经验，这对调处突发事件，缓解因此而造成的矛盾和损失都有一定的现实作用。但如何将处置工作做得更加稳妥和圆满，还需要我们对此有充分的认识和积极缜密的思考。

---

① 高扬、孙权：《帮台企脱困大陆政策越来越细化》，《人民政协报》2011年9月24日第5版。

(一)提高对建立和完善两岸应对突发公共事件危机管理机制的认识

由于突发公共安全事件具有非预期性、公共性以及极大的危险性和较高的不确定性等特征，一旦两岸方面处置不当，应对不力，在两岸关系的特殊背景下，就极易受到岛内其他政治因素的干扰，将单纯的突发事件演变成为复杂的政治事件，甚至酿成后果严重的公共危机。因此，两岸携手合作共同处置各种突发公共事件，就能有效地保护两岸人民的根本利益，最大限度地降低两岸民众和社会的损失。建立起双方合作的处置机制，有利于两岸互信基础的培养，更有利于巩固两岸关系和平发展的基础。

两岸目前的当务之急就是树立危机管理理念，制订各种详尽的应急预案，更要加强应急处突力量的建设，建立和完善包括预防和预警机制、紧急救援机制、善后处理机制、评价与反馈机制等内容的应对突发事件的有效危机管理机制。只有这样，才能更有效地提高两岸共同应对重大突发事件的预防和处置水平，才能防患于未然地确保突发事件一旦发生，就能及时启动应急预案和危机管理机制，尽可能地将事件的危害程度降到最低，最大限度地保障两岸人民的生命财产安全和两岸交流与合作的正常秩序。

(二)两岸是有条件建立处置突发公共事件合作机制的

2009 年 12 月，两会第四次会谈已就双方在地震、风灾、水灾等自然灾害的预报、预警及监测等方面加强资讯分享与交流达成了共识。国务院台办希望在两会达成共识的基础上，进一步建立双方在灾害预警、应急处置等方面的常态化互助和保障机制。

2010 年 7 月，在广州举行的第六届两岸“经贸文化论坛”上，这个共识就被纳入大会议题，并成为论坛所达成 22 条“共同建议”中的第 12 条，即：“鼓励两岸积极开展应对极端气候的防灾、救灾”。应该认为这是对两岸合作处置突发公共事件提出了具体化的目标。

两岸虽然在处置突发公共事件中有一些合作，但远远没有形成有效的机制，而这种合作的力度与规模远远不能适应两岸关系的快速发展，也不能适应两岸民众的现实需要。因此，从双方合作的角度考虑，能否借鉴两会的功能与模式，将两岸合作共同处置各种突发公共事件的议题纳入两岸讨论的范畴之内，以推动两岸在这方面的合作取得实质性的突破。在建立起常态化、功能化处置机制的基础上，两岸应建立各种相应的机制，对合作处置各类突发公共事件进行规范和落实，尤其是用细则来加以规范。这其中应包括给予对方出入境便利通关、处置队伍的紧急组建、救灾规模、物资、技术设备的提供等。同时，两岸还应该就加强对突发公共事件的预报、预警及监测等方面的信息进行分享与交流。[①]

（三）做好涉台突发事件调处工作应该具备的环节

在调处涉台突发事件的过程中，作为对台工作部门，要做好妥善的处理工作，就必须把握以下环节。

1. 完善处置机制

一是为了及时妥善地处置涉台突发事件，需要结合当地实际情况，制定必要的应急预案。对于各涉事单位的主要职责、请示报告制度、善后处理等各个方面都要有严格的规定，使处置工作有章可循，且有规范。二是在各单位、各部门建立起联系人制度，使台办和其他相关部门能在第一时间里知晓和掌握突发事件的起因和动态。台办在平时还要适时地组织这些联系人学习和掌

① 刘凌斌：《两岸推进非传统安全合作初探》，《浙江对台工作》2011年第9期。

握处置涉台突发事件的政策法规和涉事处理方式方法。

2. 处置前的快速反应

所谓反应快速就要求做到：获得信息要快，在本区域内发生了涉台突发事件，台办应该是最早获得信息的单位之一。处置人员要在第一时间赶赴出事现场，及时控制现场情势，迅速制止事态继续恶化，并迅速将发生的情况向上级台办和当地党委、政府报告。

3. 处置前的调查了解

只有掌握确切的情况，才能有的放矢地工作。在处置工作前必须要摸清事件的起因及已经发展到什么程度；事件涉及到的台胞或台资企业，以及相关关联人的背景；事件关联人涉及的程度和范围等等。在掌握这些第一手情况的基础上，对事件的性质及可能会造成的影响和后果进行综合性的分析和判断，力争拿出一套较为稳妥的处置方案。而且事到临头，一定要做好“往最坏处打算，向最好处努力”的思想准备！

4. 处置的果断性

在处置涉台突发事件的过程中，除了依法依规按政策处理外，对一些可能会扩大事态、造成恶劣影响和后果的人和事一定要果断处置，不能留下任何“后遗症”！

5. 增强处置的合力

要稳妥地处置涉台突发事件，光靠对台部门是不行的，加强统一领导和协调配合才是最重要的。对涉台突发事件的预防和处置，当地党委和政府一定要以高度的政治责任感来认识和对待，各相关部门应同心协力、积极配合，形成合力地去工作。只有这样，才能达到事半功倍的效果。

（四）如何加大对台商投诉协调工作机制建设的力度

维护台商合法权益，是祖国大陆的一贯主张。机制的建设是关系调处工作成败与否的重要因素。在夯实投诉协调工作机制建设的基础上，各级领导、各个部门和地区都要以高度的政治责任感来重视台商投诉协调机制的建设。

1. 加强组织领导，实现投诉协调工作机制的统一性

台商投诉协调工作是一项社会化、系统性的工作，需要统一的领导来齐抓共管、整体联动。因此，当地党政部门的主要分管领导要领衔组成包括由各相关部门领导在内的投诉协调机制，以致能够总揽全局、协调各方，将投诉协调工作落在实处。

2. 明确目标任务，把投诉协调工作的整体性充分体现出来

台商投诉协调工作是一项长期性的工作，涉及的部门广、环节多，机制内所协调的事项不能只是部门之间应急处置式的事后协调，更多的应该是带有沟通情况、交流信息、研究问题、交换看法、明确责任的事前协调。只有这样才有利于各地区和各部门在具体的处置实践中，把握事态发展的整体状况，及时有效地解决问题。

3. 完善制度体系，以确保投诉协调工作的长效性

健全制度体系能够保持工作机制的稳定，也是发挥长效作用的根本保证。首先，应建立联席会议制度；各方在定期会商中通过交流所得信息，形成协调合力，解决投诉协调工作中所面临的实际问题。其次，应建立领导包案制度；依照“谁主管、谁负责”的责任制，由涉及的业务主管部门领导对国台办和省里下达的重点督办涉台案件进行包案处理，力争将问题解决在本部门内。第三，应建立信息反馈制度；各部门就有关涉台的政策和法规信息，特别是处置涉台案件的进展情况要及时反馈和定期反

映，以便于工作对策的研究。第四，应建立督查督办制度；定期或不定期地对涉台投诉协调案件进行督查督办，要提倡对难点和热点问题进行事前督查、跟踪督办、事后督查的方式，以提高相关部门解决实际问题的工作效率。第五，应建立创新投诉协调工作制度；创新是激发工作活力的源泉，在工作实践中要用创新的理念来做好几个结合：一是把政策法规的原则性与工作实践中的灵活性结合起来，多思路、多渠道地解决问题；二是把管理与服务、检查与调研结合起来，逐步规范、加强预防。三是把政策宣传与解决问题结合起来，以营造良好的投资软环境。①

① 王建雄：《对我省台商投诉协调工作机制建设问题的几点思考》，《陕西对台工作》2010年第五期。

城市公共安全威胁、发展趋势与对策思考

西安政治学院教授　郭建军　北京大学研究生　郭　弋

在世界城市化大趋势下，我国已进入城市快速发展期，城市规模不断扩大，城市人口快速增多，随之而来的城市公共安全问题日益突出、严峻，成为长期困扰城市管理者和各国政府的重大现实问题，明确未来严重城市公共安全威胁与发展趋势，对应对城市公共危机和维护国家安全有重要作用。

一、城市公共安全面临的威胁

城市面临的公共安全灾害主要有：洪灾、水灾、冰灾、地震、气象、地质等自然灾害引发的城市公共安全威胁，从已发生的城市公共安全灾害看，这些自然灾害中的有些灾害可以预测、有些灾害目前还难以预测，如地震灾害等所造成的灾难性后果。

城市面临的公共安全威胁主要有：火灾、交通、、信息、食

品、公共卫生、环境污染、资源和能源短缺、贫富差距、利益不均等引发的群体事件、爆炸、恐怖袭击、网络瘫痪、军事打击等造成的人为城市公共安全威胁，从已发生的城市公共安全威胁看，这些威胁中的大部分可以预防，有些却难以预防，如：预防非常规恐怖袭击的难度就很大。

这些自然灾害和威胁将对城市公共安全带来不同程度的安全问题、威胁和灾难，有些甚至会给城市公共安全带来严重危机，影响国家机器的正常运转。

二、城市遭受严重公共安全侵害的后果

城市，尤其首都大城市是国家政治、经济、军事、文化、教育、科研、交通、信息的中心，是财富和人口聚集地，是国家重要活动区和国际交往密集区，城市公共安全对国家安全、社会稳定和军队作战能力意义重大。

当前，在快速城市化过程中，城市建筑高度密集，各种公共基础设施快速增加，社区、校园、商场、车站、机场、码头、地铁等人口密集场所越来越多。随着城市数量快速增加、城市规模不断扩大、城市人口迅速增加，城市各种信息快速积聚，城市公共安全保障难度加大，面临的风险也在急剧增长。

以国内外重大城市安全危害事件为例：

1986 年 4 月 26 日，前苏联切尔诺贝利核电站核泄漏事故具有屠城效应；1995 年 3 月 20 日，东京地铁沙林毒气杀人事件，使东京陷入极度恐慌；2001 年 9 月 11 日，恐怖分子袭击美国，对美国造成严重经济损失和政治影响，美军由此进行长期反恐战争，严重影响美国经济和军事力量使用方向，并带来国内、国际

连锁反应难题，美国内认为伊、阿战争花费超过2万亿美元，是美国金融危机重要原因之一。2009年乌鲁木齐“7·5”事件后，由于对生命安全的严重担忧，许多民众举家离疆；其后，在我国一些城市发生的“扎针眼”传闻，曾引起多城市市民较长时期的恐慌，使这些城市出现较严重的社会不稳定，继而影响到全国其他一些城市。2011年3月11日，日本福岛核泄漏，其他国家也受到不同程度核污染影响。可见，一城市遭受严重公共安全侵害后果不仅在该城市本身，而且将不可避免地不同程度影响到本国和国际政治、经济、军事等诸多方面，其波及、影响、危害具有综合性、长期性效应。

三、城市严重公共安全威胁发展趋势

未来可能发生和应引起高度重视的城市严重公共安全威胁主要有：

(一) 恐怖组织可能对特定城市使用核生化类武器

作为非国家、非军队行为体的国际、国内恐怖组织，以非对称武器和非对称方式袭击特定目标城市，以求造成重大人员伤亡、严重破坏和重大国际政治影响，除企图引爆大破坏威力爆炸物外，多年前恐怖组织已千方百计通过各种途径收集、获取核生化类原料和技术，用以研究、制造核生化类武器。美国资料显示，国际恐怖组织已开始研制第一枚核武器类武器，“暴力极端分子一旦获得核生化武器，其破坏能量将急剧增加。”若投放到城市，后果将极其严重。

（二）城市公共网络系统遭到攻击，造成城市瘫痪性灾难，严重影响国家、军队的正常功能运行

在全球信息时代，因特网用户已达20多亿，信息网络已与人类生产、生活、社会活动和城市功能紧密连接在一起，关系国家政治、外交、军事和事关国家命脉的经济、金融、银行、证券交易、新闻媒体、通讯、民航、铁路、公路交通运输、城市供水、供电、供气等城市公共设施等无不受制于计算机信息网络系统的控制和调动，“很多国家、恐怖集团、犯罪组织逐渐掌握了实施网络攻击的先进手段”，就有能力破坏城市公共网络系统，发动城市网络攻击战瘫痪城市功能，造成大规模城市公共灾难和严重混乱，与信息网络系统相连接的国家、军队信息网络系统也会不同程度受到破坏，影响国家、军队功能正常运行。2010年版美国《国家安全战略》报告称“网络安全威胁是我们面临的对国家安全、公共安全和经济挑战所带来的最严重威胁之一”。美国声称其政府和军队网络系统多次遭到黑客攻击曾丧失部分功能，如：国际黑客一年仅从美国花旗银行盗取的资金高达7、8亿美元；黑客曾攻击美国太平洋舰队网络节点，造成关键指挥系统一度瘫痪。美国应对国际黑客入侵的投资经费连年攀升，居高不下。因此，美国已把对城市公共网络设施的攻击列为战争行为和国家公共灾难，说明城市公共网络设施对国家、军队的极端重要性和脆弱性。美国“海空一体战”理论就设想对我国卫星和计算机网络系统进行大规模致盲攻击，造成重要城市公共设施瘫痪，引发严重社会混乱，削弱我军作战能力。

（三）首都和重要大城市公共设施遭远程精确摧毁性打击，严重影响国家战争潜力，威胁国家存亡

首都和重要大城市是国家的命门，由于远程精确打击能力的提高，战争无需使用传统战法由一国边境以高伤亡代价向该国首都步步推进。以美国为首的多国部队在海湾、伊拉克、科索沃、阿富汗、利比亚战争中无一例外地把对方首都作为战略高价值“斩首”目标，进行数周、数月长时间远程精确打击。这些国家政治、经济、军事中心首都和重要大城市公共设施被严重破坏、摧毁后城市功能被剥夺，城市支撑国家抵御侵略的战争潜力严重削弱。

四、对策与建议

（一）加强城市公共安全前沿问题研究

由于城市公共安全研究具有国家现实需要和前沿性，与此相关的一些问题研究还在探索阶段，构筑我国城市公共安全基本理论框架，以系统前沿理论为指导，加强与城市公共安全相关基本理论和现实问题的研究刻不容缓。

集中专业研究力量，制定研究规划。城市公共安全研究涉及的领域多，需要以灵活方式集中与此研究相关的多领域专家、学者通力协作，可考虑制定阶段性研究计划，分阶段、分课题逐步完成，并有必需的研究经费和研究条件保障。

（二）借鉴外国城市公共安全理论和实践有益成果，为我所用

一些国家在城市公共安全领域遇到的问题比我国多且严重，涉及的城市公共安全问题范围广泛，有应对和处置多方面城市公共危机的经验，也有惨痛教训，对我国有一定的借鉴价值，如：“9.11”后美国应对多种恐怖袭击防护措施，俄罗斯处置恐怖武

装大规模劫持人质事件，美国对城市计算机网络系统的评估、防护和应对措施，日本“3·11”核泄露事件处置经验教训等，可参照这些国家城市公共安全危机应对理论和实践，结合我国实际情况，有所取舍，用其所长，为我国应对城市公共安全危机所用。

（三）深入调研，高度重视城市公共安全面临的严重威胁

中国地大物博，城市众多，城市建设规模不断扩大带来的安全问题越来越突出，城市公共安全问题有多样性、复杂性特征，长期、深入调研是研究中国城市公共安全的必要前提，应有组织、有计划或采取多种方式深入、广泛调研中国城市公共安全面临的诸多问题，取得第一手真实资料，进行深入分析，找出有效应对之策。

由于城市公共安全威胁是在发展中变化的，因此，应重视研究未来我国城市公共安全可能面临的多种威胁，如核污染、核生化类武器恐怖袭击、网络被瘫痪和严重叠加军事威胁引发的国家危机。2010 年美国准备对中国核打击目标数量增加到数百个，其中包括我国多个重要城市。美国判断“中国军队已经发展了一个复杂的反进入/区域拒止（A2/AD）作战网络，对在西太平洋前沿部署的美国军事基地和海军舰队构成威胁”。为遏制中国崛起，确保美国亚太主导地位和亚太美军前沿部队战力，美设想必要时先发制人对中国首都在内的一些重要城市进行远程精确打击，以削弱中国战争潜力和军队持续作战能力，加上同时对我国卫星和计算机网络进行大规模致盲攻击，以“网络攻击‘跨过’敌部队而直接打击平民社会，以非动能方式达成以往战略轰炸达成的效果”。面对这些情况，我国重要城市预警、防护能力怎样？城市公共安全和国家安全将会出现什么局面？这些都是事关我国安

全紧迫而重大的战略问题。

我国城市重建楼、轻防护问题较普遍，西北有的大城市人防功能不健全，常驻人口隐蔽率远达不到国家人防规定要求，部分国家重要科研和武器研制地防护设施陈旧。因此，应及早对我国城市应对多种严重威胁能力进行深入调研和全面评估，制定相应预案和进行必要的演练，发现问题，提高城市全面可靠防护能力。国家重要战略设施、核心科研、重要武器研制、储存等应进行必要的分散隐蔽配置和可靠的战略备份，以在威胁来临时把损失降到最低限度，确保国家功能正常运转，确保持续战争潜力和国家安全。

筑起防灾减灾的钢铁长城

广东省人民政府突发事件应急管理专家　温元麟

一、天有不测

俗话说："天有不测风云"、"人有旦夕祸福"。

发生在世界上的各种天灾、人祸、兽患的各种新闻，几乎每天都会见诸于各大媒体的头版乃至头条。连美国前总统乔治·W·布什在卸任前接受美国广播公司采访时，也感慨地说："总统工作之一是要处理许多悲剧，飓风、龙卷风、火灾、死亡……你得把时间花在当'慰问总长'上。"

确实，如何认识各种灾害的严重破坏性，防患于未然，做好预知、预测、预报、预警、预防及其监控工作，并在突发灾害事件降临之时有效逃生或进行救援，这是一个既十分现实同时又非常富有挑战性的命题，它正越来越受到世界各国政府和广大民众的关注。从世界范围看，无论是政府及民众应对局部战争，还是美、英等国应对恐怖袭击，数不清的发生在陆上、水上、空中的各种灾害，都对人类的生存带来了严重影响乃至严重威胁。面对灾害，我们必须增强防灾减灾意识，从战略高度加快全面建设中国特色应急管理体系的步伐，切实做好防灾减灾的各项工作，想方设法提升全民的应急求生救援能力。俗话说得好：生机往往只给有准备的人。万事安为先。安全责任重于泰山。防灾减灾任重道远，它关系到国家安全、社会稳定，关系到人民群众生命财产安全，与国家、社会、家庭、个人息息相关。

二、新的长城

党和国家领导人对防灾减灾工作非常重视。邓小平指出：压倒一切的是稳定。稳定是改革和发展的前提，稳定为建设和改革提供必不可少的良好的社会政治环境。社会稳定是人民群众的共同心愿。

自 2003 年非典疫情发生后，在党中央、国务院的正确领导下，我国的应急管理工作得到全面加强，应急体制机制基本建立，应急体系建设不断完善，防范和处置突发事件的能力有了较大提高。近几年来，我国有效应对了南方雨雪冰冻灾害，汶川、玉树特大地震和甘肃舟曲特大山洪泥石流等自然灾害，山西王家岭煤矿特大透水、松花江水污染等事故灾难，禽流感、甲型 H1N1 流感等公共卫生事件，以及拉萨“3·14”、乌鲁木齐“7·5”等社会安全事件。

为了铭记汶川大地震这场灾难，经国务院批准，从 2009 年起，每年的 5 月 12 日定为全国“防灾减灾日”。为提高政府保障公共安全和处置突发事件的能力，最大限度地预防和减少突发公共事件及其造成的损害，保障公众的生命财产安全，维护国家安全和社会稳定，促进经济社会全面、协调、可持续发展，中央制定了《国家突发公共事件总体应急预案》。各省、市、自治区也先后制定了省级的突发公共事件应急预案。

我国全面建设中国特色应急管理体系，防灾减灾工作向体系化、规范化、正规化、法制化和科学化运作的进军号角已经吹响，神州大地上将筑起一道防灾减灾的新的长城。“万众一心、众志成城，不畏艰险、百折不挠，以人为本、尊重科学”的防灾减灾精神正在中华大地上传递。

三、广东之路

近几年来，广东省各地、各有关单位深入贯彻落实科学发展观，按照党中央、国务院和省委、省政府关于应急管理的决策部署，紧紧围绕“一年打基础，两年上台阶，三年创一流”的工作目标，开拓创新，真抓实干，推动全省应急管理体系不断完善，应急管理综合能力稳步提升，顺利完成突发事件应急管理体系建设“十一五”规划各项任务，创造了应急管理“广东经验”，打造了应急管理“广东模式”，为实现“无急可应，有急能应”的最终目标奠定了坚实基础。具体体现在：

（一）应急管理体系比较完善

近年来，广东省按照《突发事件应对法》和《国家突发公共事件总体应急预案》有关要求，建立了党委领导、政府负责、属地管理，统一指挥、军地联动、综合协调，分级响应、分类处置、社会参与的应急管理体系。2007 年，广东省成立了省应急管理委员会，由省政府主要负责同志任主任，省委副书记、政法委书记、省政府相关副省长和驻粤军队、武警负责同志任副主任，并成立 21 个专业指挥部，省应急管理委员会在省政府办公厅设立副厅级的办事机构（即省政府应急管理办公室）。各专业指挥部以相关厅局作为办公室，军队、武警有关单位为相关应急指挥机构的成员单位。目前，广东省21个地级以上市、121个县（市、区）均成立了应急管理领导机构、办事机构和工作机构。在亚运会、亚残运会、世界大学生运动会等重大活动中，广东省及举办赛事的市、区均成立了突发事件应对处置的专门机构。

（二）应对突发事件的运行机制较为健全

各级应急管理委员会按区域统筹部署自然灾害、事故灾难、公共卫生、社会安全突发事件的防范和应急处置工作。在特大突发事件发生后，根据需要可由党委主要负责同志任总指挥、政府主要负责同志任一线总指挥。在重大突发事件发生后，由政府主要负责同志或分管负责同志任总指挥。指挥机构启动后，政府有关职能部门、应急办以及党委宣传部门作为成员单位，在指挥部的统一领导下开展应对处置工作。应急办主要承担与各方面联络沟通，发挥运转枢纽作用。单一灾种的处置由相应专业指挥机构负责，军地各成员单位参与，应急办主要是负责信息报告、跟踪事态和综合协调。有的地方对一般突发公共事件，特别是对影响范围和处置责任边界不清晰的突发公共事件，交由应急办协调处置。

（三）专家团队作用得到有效发挥

广东省政府建立了自己的突发事件应急管理专家团队。这个团队包括了全省各行各业与应急相关的专家人才。几年来，专家团队团结协作和无私奉献，发挥了专业知识和专业技能的特有作用，不断推动全省应急管理决策的科学化、民主化、规范化、专业化和法制化；不断完善现代应急管理的决策机制，不断探索应急管理和应急教育的特有规律；不断完善各行各业尤其是重点行业的应急预案评估，以及预知、预测、预报、预警、预防工作；努力搭建科技应急交流合作创新平台，不断完善应急管理科技支撑体系等。最近，省委省政府主要领导再次强调："十二五"时期是广东省深化改革开放、加快转变经济发展方式的攻坚时期。做好新时期的应急管理工作至关重要。希望应急管理专家要紧紧围绕"加快转型升级，建设幸福广东"这个核心任务，以"完善应急管理体系，健全突发事件预防预警和应急处置机制"为重点，着力在"专、精、优、新"上狠下功夫：一是充分发挥学术权威作用，努力在专业上求"专"；二是充分发挥科技带动作用，努力在业务上求"精"。三是充分发挥示范带头作用，努力在工作上求"优"。四是充分发挥先行先试作用，努力在成果上求"新"。

（四）基层应急管理工作得到加强

广东省各地在街道办事处（乡镇）建立起了由党委政府统一领导、一专多能的应急工作机构和运行机制，有机整合了应急、综治、维稳、信访（群众）工作等职能。例如深圳市南山区桃源街道办事处设立了综治、信访、维稳、各类突发事件应急指挥为一体的工作机制，通过加强基层党组织的工作，发动群众参与防范突发事件和社会管理，把应急管理与日常的社会管理进行了有机融合。该区还设立了由社区保安组成的应急小分队，每个街道约30人，集中住宿，半军事化管理，确保一旦发生突发事件能及时调动赶赴现场，进行先期处置。同时，全省各区县建立了以公安消防队伍为依托的综合性应急救援队伍，并推动加强防汛抗旱、地质灾害、森林防火、公共卫生等基层专业应急救援队伍的建设。

（五）进行了应急管理体制机制改革试点

深圳市在机构改革试点中，整合原应急指挥中心、安全生产监督管理局、民防办、地震局，组建了市应急管理办公室（加挂安全管理委员会办公室、安全生产监督管理局、民防委员会办公室、地震局的牌子），由市政府办公厅归口联系，形成了“大应急”管理格局。改革后，资源得到整合，原来分散的人员力量得到有效集中和加强；机制更加完善，随着机构职能覆盖面的扩大和内设机构及人员的调整，宣传培训教育、监测预警预防、应急救援保障等机制得到完善；协调更加顺畅，机构改革中深圳市精简政府工作部门 15 个，应急管理涉及的部门和事项相对集中，日常协调事项，特别是应急救援工作中的协调更加顺畅。此外，广州、深圳海关把应急管理与海关业务风险、打击走私、口岸监管相结合，设立风险管理运行控制中心，实行合署办公。

（六）社会力量参与应急管理有新的探索

广东省各地根据需要探索了一些动员社会各方面力量参与应急管理工作的做法。全省建立了约 2.5 万人的基层信息员队伍。深圳市组建了公安消防、红十字会、海上搜救和山地应急救援四支应急志愿者队伍。深圳市南山区建立了从直属部门推荐，经组织部门考核，由正科级干部组成的应急预备突击队，并作为干部提拔使用的锻炼平台。广东省成立了应急管理学会，推动应急管理产、学、研一体化，促进应急管理科技成果转化为生产力。暨南大学设立了应急管理学院。

（七）应急教育走在全国前列

在国内，为提高防灾减灾能力而开设的《应急求生救援》系列课程，最早是在广东省青少年军校得到研发应用的。其成功经验得到了全国人大的充分认可和国家教育部的积极推广，其经验是：

1. 党有号召，团有行动，是该校成功研发应用应急求生救援课程的引擎。

1997 年，在全国政协副主席和广东省委、省政府领导以及热忱关心下一代的老同志的亲切关怀和支持下，共青团广东省委开创先河——成立了全国第一家纳入正规事业单位编制的广东省少年军校，并于 2001 年 4 月正式启动。广东省少年军校（现已改为广东省青少年军校）从正式启动的那天起，就把培养青少年“自学、自理、自护、自强、自律，做社会主义事业的合格建设者和接班人”作为目标，着眼于提高青少年的综合素质，重点组织开展国防知识教育、应急求生救援教育、军事训练、学农劳动、团队生活等丰富多彩的活动。通过严密的组织管理，层次分明的组织体系，生动活泼的实践体验活动，培养青少年的国防意识、安全意识、集体观念、意志品质、自理能力和应急求生救援能力，让青少年在集体生活中充分得到教育、锻炼、体验和满足。

2. 国家领导人关怀，三军将领厚爱，是该校成功研发应用应急求生救援课程的基础。

时任中共中央政治局委员、中央军委副主席、国务委员兼国防部长迟浩田上将亲自为军校题词；时任全国政协副主席叶选平同志亲临广东省青少年军校基地视察；九届全国政协常委、广州军区原司令员李希林上将亲任广东省青少年军校名誉校长，广州空军原司令员刘鹤翘中将、南海舰队原政委康富全中将亲任广东省青少年军校高级顾问。国家领导人的关怀，三军将领的厚爱，给整个中南、华南地区的青少年参与青少年军校的应急求生救援教育活动予极大的鼓舞。

3. 专家治校，师资一流，是该校成功研发应用应急求生救援课程的保障。

该校校长由解放军最精锐特种部队教官出身，具有国防战略高级研究员、军事学教授、高级经济师、高级政工师等多学科高级职称的专家担任。专家组成员，汇聚了军事科学院、国防大学、解放军理工大学、清华大学、中山大学等院校中全军、全国一流的专家教授，他们当中既有身经百战、具有丰富野外生存经验的将军，也有中央及全军马列工程专家、国家反恐专家、全军求生救援专家、战地救护专家、全军格斗学科带头人等军内国内的顶尖专家。雄厚的专家团队实力，为应急求生救援技术的研究开发及其应用带来了针对性很强的理论与实践指导。

4. 创新性、实战性、针对性极强，科研与教学内容丰富多彩，是该校成功研发应用应急求生救援课程的重要特色。

应急求生救援是一门创新性、实践性、应用性非常强的学科。该校这方面的系列课程因应各方需求而开设，如：应急管理概论、世界突发事件的特点及我国面临的形势与任务、政府应急体制构建等等。上述课程及其培训手段年年有创新、岁岁有发展，完全以实战要求为依归。丰富多彩的数十门课程、近三百个训练课目，单科、多科、多级、各专业训练达标规程以及争章争星制度，有力地保证了受训者应急求生救援综合素质的大提升。

5. 场地设施完备、保障有力，是该校成功研发应用应急求生救援课程的要求。

在场地设施方面，该校在当年黄埔军校的训练场，依托解放军广州空军某高科技特种部队的营地，开发了一个设施完整的科研与训练基地，而且“吃、住、训”全方位一条龙服务。特别值得一提的是，为提高教学实效，军校员工自己亲自动手开发了一条极佳的应急求生救援拓展训练路——“体验长征路”。

6. 研发及其应用效果显著，享誉四方，是该校在团省委正确领导下成功研发应用应急求生救援课程，努力争当青年先锋，为国家防灾减灾做贡献的真实写照。

该校的工作多次受到共青团中央、解放军总政治部、国家国防教育办公室等部门的充分认可，央视等主流媒体多次给予特别报道。由于成绩显著，该校被团中央、中央综治委预防青少年违法犯罪工作领导小组办公室、最高人民法院、最高人民检察院、教育部、公安部、司法部、卫生部、新闻出版总署联合授予“为了明天——全国青少年自我保护教育基地”，被全国少工委、总政群工办等授予“全国青少年军校示范校”，被中共广东省委宣传部和广东省军区政治部授予“广东省国防教育基地”。由于具备实力，解放军理工大学在该校开设了成人教育教学站，上海国防教育学院在该校设立了分院，清华大学应用技术学院项目管理培训中心在该校设立了教学点。由于独具特色，而且面对灾难并无男女老幼、高低贵贱之分，自动找上门来求学者的年龄从几岁到七十多岁，行业包括党、政、军、团、企、事业单位，地域包括粤、港、澳、海外，级别从普通职员到厅级干部。

四、重要启示

综上所述，从战略高度全面建设中国特色应急管理体系的重要经验是：

第一，坚持科学发展观，不仅大力加强对全面建设中国特色应急管理体系工作的领导，把此项工作列入各级党政部门及相关部门的议事日程，而且要努力打造一支爱国家、业务精、勤思考、善开拓的应急管理干部队伍和素质高强的应急救援队伍、以及应急教育师资队伍，努力缩短对此项工作的探索期。

第二，坚持以人为本，使应急管理工作更加贴近客观实际情况。要尊重应急管理工作的特点和应急管理的基本规律，突出应用管理，力戒空谈；要坚持加强政府应急管理能力与提高全民应急求生救援能力并举，在全面建设中国特色应急管理体系的同时，不断打造实战性针对性强、深受广大干部群众喜爱的应急教育项目，努力增强应急管理及应急教育工作内容的生命力和凝聚力。

第三，坚持整合优化资源，进一步理顺应急机构与职能部门的关系，进一步明确应急指挥机构的职能定位，充分发挥应急管理办事机构的协调和枢纽作用，不断完善监测、信息报告、处置等环节的协调联动机制，高度重视基层应急力量建设，用社会化“共赢”的方式不断推进全面建设中国特色应急管理体系工作的不断深化。广泛调动社会各方面的积极性，努力建设一支各方面人员广泛参与、富有爱心和社会责任感的应急管理工作队伍及应急管理救援队伍，在全社会营造关心、支持应急管理工作的良好社会氛围。

第四，坚持活动育人，积极引导广大干部群众在参加防灾减灾的各项活动中受教育。紧紧围绕党的教育方针和政府对安全教育的要求，不断丰富应急教育和防灾减灾活动的内涵，努力打造应急求生救援特殊的培训品牌，使应急求生救援培训在提高全民的综合素质尤其是思想道德素质、应急求生救援素质等方面发挥更为重要的作用。

第五，坚持规范管理，不断加强应急管理工作的体系、机制、法制建设。逐步完善应急管理工作的组织管理体系、信息传导体系、快反协调机制和考核表彰体系，进一步加强各种制度建设，使我国全面建设中国特色应急管理体系工作沿着正规化、系统化、机制化、法制化、科学化的方向健康发展。

天灾人祸何所惧，沧海横流方显英雄本色。是雄鹰就要在蓝天上翱翔，是英雄就要在应对复杂困难和严峻挑战的磨练中成长。

在各级党委、政府的热情关怀以及有关部门的大力支持下，全面建设中国特色应急管理体系工作将会不断迈向新台阶，一定会成为为国为民造福的伟大事业。

树立“网络主权”理念，构建“网络国防”机制，维护“网络边疆”安全

军事科学院信息化作战研究室主任、博士生导师　叶 征

胡锦涛主席在“两会”上明确提出了海洋、太空、网络三大空间是国家安全新边疆的思想。这一思想，表明了我国对国际网络空间发展的态度，引发了对构建世界网络安全环境的思考。2010 年 7 月，伊朗核设施大量关键设备（离心机）遭到“震网”病毒攻击，损失惨重，核发展计划被迫推迟两年。这次震惊世界的网络攻击开启了通过网络毁瘫国家战略性基础设施之门。由于攻击直指伊核问题，许多专家都认为是一次有预谋的国家攻击行为。这一事件给我们的启示是，提出网络空间主权、构建网络国防已经刻不容缓。网络的无界性，并不能抹杀网络空间主权的严肃性。通过网络攻击一个主权国家，与通过陆海空天实体空间攻击一个主权国家，在侵略本质上是无二的。如果不从法理的角度承认国家网络空间具有主权，那么今后的网络空间就会变成强权横行的无序空间。2011 年以来，美国又连续出台了“网络空间

安全国际战略和行动战略”两个文件，将网络空间斗争从后台推向了前台。因此，我应旗帜鲜明地提出网络主权的理念，将其作为网络边疆的法理基础，建立“网络国防”意识，完善“网防”机制，组建力量像捍卫国家领土、领海、领空主权那样，维护国家的网络主权。

一、“网络主权”、“网络国防”概念的提出，是信息时代国防发展的必然要求

国防即国家安全之防，“防”的含义是拒止不安全于国门之外，拒止的对象是一切形式的入侵行为。在信息时代以前，陆海空三维实体，是发生入侵行为的主要空间，人们由此有了强烈的边防、海防、空防意识，并不断加大边海空防建设力度。进入信息时代以来，网络以几何速度迅猛发展，无声息地穿越传统国界，将地球上相距万里的信息节点铰链为一体，通过网络可轻而易举从一国进入另一国腹地直至心脏部位。这个变化，打破了原有的国家防卫格局，给传统观念以巨大冲击。但由于这个变化来得非常之快，以至于短时间内人们还来不及很好思考和应对网络带来的一系列安全问题。至今，很多人还习惯于对发生在边防、海防、空防上的丁点小事大惊小怪，而对发生在网络上的惊天大事却不去问津。一个间谍携带情报在海关被查出可能获牢狱之灾，通过网络悄然传出却简便安全。把网络当成没有关卡的高速路、当作不设防的虚空间，这显然极其有害于国家安全。事实上，在信息时代，相对于有形实体空间，无形网络空间更容易遭到入侵和丧失主权。有形空间一架飞机、一艘舰艇入侵，很难隐蔽，易于直接监控，造成的破坏与伤害直观可见。而无形空间多

渠道、多形式的入侵和破坏，不注意是看不见、摸不着的。可以说是毁坏于无形，攻心于无声，危害性更大。

一些人认为，网络的联通性决定了网络的无界性，无界的网络不应设防、也无法设防。这个观点忽视了"网络边疆"并不按传统地缘概念来划分的事实。认为网络无主权、无界限而不应设防，是对网络和时代的曲解。首先，一个国家的网络基础设施，应是国家网络主权的有形部分，不容许任何国家采取任何方式进行攻击。其次，国家专属的互联网域名，应是国家网络主权的无形部分，也不应容许别国随意屏蔽。拿".CN"域名来说，就是中国的网络边界。伊拉克战争期间，伊拉克域名（IQ）的申请和注册工作被终止，相关后缀的网站全部从网络中消失。2004年，利比亚与网络大国发生争执，结果域名（LY）在国际互联网上消失了3天，这些都是对国家主权的侵犯。另外，金融、电信、交通、能源等关系国计民生领域的国家核心网络系统，都应是国家网络主权的重要组成部分。目前，掌握网络核心技术的超级大国正在利用国际互联网络建立起自己新的"网络领土"，若欲进入这片"领土"，必须向其"申请护照"，遵循其"游戏规则"，将互联网当作打击别国疆界、践踏别国主权、拓展自己空间的工具。这种谋求网络霸权的图谋，应引起世界高度警觉。

二、我国"网防边疆"基本形势分析

我国对网络安全的认识并不晚。20世纪80年代中期，我们就提出了信息安全的理念。近10年中，我们加大了对网络安全防护的重视程度，但由于统管力度弱，协调机制不够健全，相关力量规模和装备技术水平都比较有限，还远远不能适应维护国家

网络安全的需要。其主要问题表现在以下几个方面:

一是“网络主权”意识薄弱,“网防”机制尚未构建。由于国防观念更新缓慢,我国至今尚未完全建立起网络防卫机制。边海防由全国边防委员会统管,人防由全国人防委员会统管,下均设有办事机构和相关作战力量。同时,为了巩固国防,先后颁布了边防、海防、人防方面的法律法规。而“网防”则无统一的组织领导机构,至今也无法可依,防卫力量相对薄弱,军队和地方没有形成协同机制,还难以形成强大的“网防”能力。

二是“网络边疆”形势严峻,安全威胁十分严重。由于受网络无边无防思潮的影响,我国基本处于有网无防状态,网络安全问题突出,网络犯罪日益增加。随着全球网络一体化进程的加快,我国信息网络与国外网络互联愈发普遍。例如,互联网已经成为人们生活和开展各项活动不可或缺的平台,中国的网民已经接近5亿,成为世界网络第一大用户。但是大多数网民没有网络安全意识,或在网络上随意谈论国家机密,或在计算机资料库存放涉密文件,导致我国网上泄密事件层出不穷。又如,随着我国工业日益与世界接轨,引进技术设备的网络远程服务、包括核心军工企业引进技术设备的网络远程服务十分普及,大型电力机组、高精尖的数控设备、以及生产线等,都与国外企业技术联网,在进行网上远程诊断、技术升级、维修保养等售后服务的同时,外方也在时时监控着我国设备的运转和生产情况,不仅我国自身“门户洞开”,关键时候还可能接受指令而停止工作,对我国经济造成致命打击。再如,我国金融系统使用的是国际维萨系统,每天要向国际金融机构自动报告业务流量,很容易受到恶意控制,同时在进行网上交易和业务服务时,也极易被渗透入侵。据中国人民银行统计,我国目前已经有20多家银行的200多个分支机构拥有网址和主页,其中开展实质性网络银行业务的分支机构达50余家，金融信息资料面临被网上窃取、篡改的严重威胁。从以上例证中可以看出，我国核心信息网络，特别是电力网、金融网、电信网、能源网等，都存在着严重的安全隐患，“网络边疆”形势不容乐观，威胁十分严重。

三是网络资源严重匮乏，客观处于不利境地。由于存在网络发展受制于人的尴尬，我国网络空间受到极大挤压。在网络资源领域，从资源分配、技术发展，到关键性硬件，我们都处于不利位置。例如，全球13个互联网根服务器，有10个在美国，2个在日本，1个在澳大利亚。在实际网络运营上，美国垄断着大量网络资源，全球90%的网上信息发自或经过美国，81%的网页使用英语，访问量最大的100个网站中有94个在美国，美国不仅收取着大量费用，还掌控着我们的经济动向。同时，由于我们习惯于把资源与有形的物质实体紧密相连，而对“域名”、“网页”等网络资源缺乏保护意识，网络域名大多被一些国家投机商抢先注册。据调查，我国至少有400多家大型进出口企业，为此失去了通过网络向全球发布信息的机会。再如，现行网络的“IPV4”协议，未来的“IPV6”协议，以及网络使用的关键硬件等，都在网络大国的掌控之下，我国与之抗衡的余地非常小。

四是基础设施薄弱，网络安全建设任重道远。由于关键技术落后于人，我国网络安全建设缺项较多。目前，我国网络安全产品和关键领域安全设备主要依赖进口，就连主流防火墙技术和杀毒技术都有不少是国外产品，自主可控的、有高技术含量的网络安全产品匮乏。同时，某些网络大国对我国网络安全产品的引进实施了严格的控制，早在1985年，某国政府发表的桔皮书，就把计算机分为4个等，8个级别（即“D”最低保护级、“C”自主保护级、B“强制保护级”、A“验证保护级”四等，D、C1、C2、B1、B2、B3、A1、超A1八个级别），其中出口我国的计算机仅为C2级。还有在密钥芯片的出口方面，某些网络大国仅公开商用密钥芯片的算法，对军用的算法则严格保密。因此，能够引进的产品在生产国不仅是相对落后的，还存在着不安全隐患。其还可能在出口密钥芯片上留有端口，供其随时启动。也就是说，凡是进口的计算机、交换机、路由器等，均可能被人控制，某些网络大国随时可以通过技术手段对这些设备进行非法“入侵”和“窃听”。与此同时，其他主要发达国家也大力推动信息安全技术产品发展。例如，日本把防范高技术犯罪和开发信息安全技术作为优先解决的课题，每年投入数十亿日元开发包括防止非法存取技术、病毒检测与消除技术、数据密码技术等网络安全技术；英国也在极力加强适合国情的监控软件和电子设备的研究开发。如果我不提高警惕，我有逐步拉大与发达国家网络安全技术差的趋势。

三、加速推进我国“网络国防”建设

加强我国“网防”的最佳途径，是提高网络对抗的能力。因此，既不能面对某些网络大国的动作无动于衷，坐以论道，错失良机，也不能人云亦云，随之起舞，盲目发展。目前当务之急是统一认识，理清思路，冷静观察，稳妥应对，积极稳妥地超常推进我国网络国防建设，全面提高我捍卫“网络边疆”的能力。

一是加强统筹规划，尽快制定国家网络空间安全战略。应把“网防”提升到与边防、海防、空防和天防等同重要的战略地位，甚至超过之。应尽早确立国家网络空间远中近发展目标、发展重点和主要途径，构建与国家安全战略、军事战略系统配套的网络空间战略，从顶层指导我国网络国防建设和准备的方向；应抓紧研究制定和完善网络空间安全法规，利用相关安全条例和相关的技术性法规，规范我国信息网络的建设和使用，防止信息网络内的国家秘密和内部敏感信息的扩散，通过立法手段来加强网络空间安全管理。

二是实施统一领导，尽快建立军地融合的网络空间安全机制。应尽快建立国家“网防”安全委员会，下设多方联手的网络空间安全管理机构和职能部门，并明确规定各机构的职责、权限，统管国家“网防”工作；应建立军地一体的网络空间安全威胁信息交流和告警机制、安全管理协作机制、攻防行动协调机制，形成完善、合理的网络空间安全机制；加强对国内网络、节点、各层次的来袭行为和有害信息的监控，积极从技术和管理上寻求实现对网络的防护、监测、应急、恢复、预警和反制的方法措施，制定网络空间突发事件有效的监测、预警和封堵的行动方案，形成高效、可行的网络空间安全应急处理预案。

三是加快力量建设，尽快形成侦攻防控一体的“网防”体系。面对世界大国网电力量的大幅度扩军动作，我军应加强跟踪研究，全面掌控潜在对手的发展动向，坚持我军特色，确立“攻防结合，全面发展”的非对称网络对抗发展战略，分类发展“网防”力量。应像重视建设陆海空天战场那样重视建设网络空间战场。要把网络空间作战力量作为“新型力量”纳入联合作战体系，发展非对称网络空间作战手段和具有我军特色的网络空间作战装备，完善网络国防安全体系。

四是明确“网防”立场，积极参与国际网络空间合作和对话。组织制定并适时发布网络安全白皮书，大力宣传和推广我主张的“网络主权”、“网络国防”、“网络边疆”概念和网络空间有关立场，树立负责任大国形象。积极参与网络安全问题国际研讨和对话磋商，深化国际间网络技术合作，全面参与网络高端技术标准的制定工作，主动对网络空间国际法律法规的制订进程施加影响，提高我网络空间的话语权、主导权。充分借助各种国际平台，揭露别有用心的大国借维护网络安全和“网络自由”遏制我网络技术发展和进行意识形态渗透的企图，表达我维护网络安全的合理关切。加强网络空间的国际合作，重视利用国际法、国际舆论解决网络与信息安全问题，重点开展打击网络恐怖主义、网络犯罪、安全事件应急处理、知识产权保护等方面的多边和双边合作，减少来自外部的敌意、对抗和误判，争取网络空间斗争主动。

五是开展技术攻关，努力打破敌对国家对我实施的关键技术封锁。应像当年重视研发“两弹一星”那样，重视研发网络空间对抗技术和对抗手段的研发，实施重大网络国防创新工程，在国家核心元器件、高端通用芯片、基础软件科技重大专项攻关中，大力发展与“网防”相关的、具有自主知识产权的核心元器件和软件系统，逐步减少对国外网络技术设备的依赖，从源头上逐步消除网络空间存在的安全隐患。

提高网络舆论引导能力的思考

国防大学博士研究生　于祥森

网络舆论是随着网络的发展和普及而出现的一种舆论现象，是新形势下“网络中心战”与“三战”[①] 特别是舆论战的新结合。网民通过网络对社会生活、经济、政治、军事、文化等现状与发展发表言论，这对凝聚人民智慧、解决重大问题以及推动民主法制的建设，都具有积极作用。但同时，不同知识层次的网民，社会认知程度也不一致，从而给了某些别有用心的国内外敌对势力以“运作”的空间，容易被诱使或煽动出极端情绪化的行为，如新疆“7·5”事件的突然爆发，网络舆论的背后推手是主要成因，这给社会和谐、党执政力和政府形象都造成了负面影响。因此，我们必须对网络舆论加强研究，分析成因，探讨对策，提高网络舆论的良性引导能力，服务于国家强盛、人民富裕、民族复兴。

① 徐家林，网络政治舆论的极端情绪化与民众的政治认同 [J]，《马克思主义与现实》，2011 年第 3 期。

一、网络在社会舆论中的地位

网络舆论，作为“网络”与“舆论”的结合体，它汇聚了网络的所有功能和舆论的潜在力量，能够借助网络把社会舆论的力量发挥到极致，也能够借助舆论把网络功能的作用体现到极点。互联网具有全球性、开放性、交互性、实时性、即时性、综合性等特点，是现代媒体的重心之一。据中国互联网络信息中心公告，截止2010年6月，

我国网民规模达4.2亿，手机用户达2.77亿，互联网普及率进一步提高。网络至少能发挥三个作用：一是网聚功能，即把广大网民与舆论焦点汇集到论坛、微博等网络互动平台，成为网络极端舆论、网民情绪化表达的集散地；二是放大功能，论坛为吸引网友关注，往往“语不惊人死不休”，评论越来越情绪化，言语激烈而尖刻，网络暴力和舆论异化的倾向日益明显，容易扭曲或颠倒事实；三是蔓延功能，互联网作为连接世界各国计算机网络大众化的全球信息网，超越地域和国界，成为一个庞大的社会系统，是对外、对内的重要舆论阵地，具有极强的信息蔓延散布功能。总之，互联网既可能成为实现全球信息资源共享的必备途径，也可能成为威胁国家安全、危害国计民生、腐蚀国民灵魂的魔鬼通道。对新生事物，必须加强科学引导与机制监管，否则必将浪费我们更多的资源来弥补“本可避免”的各类“疏漏”。“7·23”动车追尾事故，全国人民与世界人民都在关注着中国政府与铁道部；“9·9”湖南“邵阳沉船事件”，当地政府应对不力诱发网络传言四起，加之网络媒体的片面报道，一度导致社会质疑与关注，幸亏记者进行了连续滚动报道，整理出客观、公

开、透明的事实依据，社会舆论才平息；再者，媒体对“官二代”、“富二代”的不实夸大，导致了民众对“拼爹第二代”的反感与厌恶，容易引发“仇富”、“仇官”情结。固然，网络舆论对官员腐败、商人奸恶、学者无良、明星无德等各种丑恶现象进行无情揭露和口诛笔伐是正确的；但是，一旦网络舆论成了“脱缰的野马”，认为无官不贪，无商不奸，所有专家学者都是利益集团的代言人，所有明星背后都有潜规则，则是以偏概全，将是极端错误和危害社会的。

二、网络舆论引导能力新透析

网络舆论引导能力，就是利用网络舆论的地位作用，来改造和同化公众舆论的能力，简言之，就是导致公众“态度改变”的能力。反映舆论、引导舆论是新闻媒体的基本功能，引导舆论朝良性方向发展，是所有国家和政府的共同愿望。重大事件必有重大影响，国家主流媒体重要的是要提升对重大事件的舆论引导能力。发挥好网络舆论引导能力，需要做到：

一要把握源头，了解公众“想知道什么”。“先入为主”是受众接受信息的普遍规律，突发性事件，没有预期性，具有明显的冲突性和敏感性，涉及许多人的切身利益，而人们受到事件的刺激会产生惊异感，引起恐慌和思虑，激起众说纷纭，使许多人自觉或不自觉地卷入到事件中，不断引起形式各异的社会骚动。这时，新闻媒体就应该从受众利益的角度考虑，在重大事件发生初期，媒体要先于公众对社会现实情况有正确认识，特别是对存在的社会矛盾有一个清晰的把握，表明政府的立场与态度，把最值得公众知晓的事件在第一时间告知公众。

二是把握环节，及时发布“状态怎么样”。中间过程，是与敌对势力进行舆论交锋的主阵地。提升舆论引导能力，应注意设置重大事件的议题和注意媒体引导的时机。所谓议题设置，是指新闻传媒经过精心策划，突出报道某些包含深意的事实、事件或问题，使之成为公众议论的焦点，并形成媒介所预期的社会舆论或社会情绪。如不设置议题，社会公众也会在一些场合自发地将它设置为议题，结果只会是消极因素甚于积极因素。因此，在舆论交锋的中间环节，媒体要因时、因地、因人、因势进行引导，积极主动地设置议题，方可自始至终拥有对舆论导向的控制权，也就是有了“话语权”。

三是把握收尾，善始善终，“让真相大白”。努力做到政务信息与受众需求的“统一”和“对接”，是解决政府信任危机的重要法宝。政务信息传播，需要“放大”工作与群众利益的共鸣点，增强工作发布的“近距性”，找到公共性信息、党务性信息与群众现实生活的交汇点、结合点，而不能把发布会变成“形式重于内容”、“见物不见人”、“空洞乏味”的“见面会”，视受众利益于不顾，过多阐述意义与成就，而不是具体策略与行动。在某种程度上，这反映了媒体和媒体人对其服务对象“民众”的轻视，只能导致“人民刊物，人民不读”、“主流媒体，百姓不看”，这将是极其危险的信号。

三、提高网络舆论引导能力的几点思考

提高舆论引导能力，是新闻媒体的重大政治责任，也是新闻媒体发展壮大必须解决的时代课题。随着信息技术的发展，报纸、期刊、书籍、专利文献等现实世界存在的信息将会移置到互

联网，网络已成为人们公认的继电视、广播、报纸和出版之外的“第四媒体”。提高网络媒体的舆论引导能力，就成为媒体、媒体人与广大学者的现实职责。

（一）摸清对手底数

知彼知己，百战不殆。网络舆论涉及到大量与人类生存密切相关的因素，如：国家、战争、舆论、民主、新闻、自由等，所以在网络舆论研究中也要更多地将网络中心战、舆论战和社会理论结合在一起，着重考察与社会结构和意识形态相关的宏观问题。在与敌争夺话语权时，更要认真研究媒体对抗，特别是战争中的新闻理念。国外敌对势力将互联网作为对我国进行政治渗透和“柔性颠覆”的工具，使用心理战策反、蛊惑煽动、招募非法组织成员、传播犯罪技术等长驱直入，在国际互联网络中大量色情、暴力信息以游戏方式直接出现在终端屏幕上，其直观性、娱乐性、诱惑性、渗透性之强会使人产生“上网瘾”，甚至出现儿童被“诱拐”、干部被“吞噬”的悲剧。因此，面对强敌，摸清底数，才能“接招出招”。

（二）掌握自身实力

实力是对抗的基础与资本。从整体看：我国政府高度重视网络技术与网络安全，积极倡导网络业务部门和网民依法办网、文明上网、正确用网，明令禁止任何组织和个人利用网络制作、复制、发布和传播违反我国法律法规、侵害国家和他人合法权益、扰乱社会秩序、破坏社会和谐稳定的违法违规行为。与此同时，受技术和人为因素影响，我国网络仍然存在严重的安全问题。制造网络病毒、垃圾邮件、网络蠕虫等恶意消耗网络资源，入侵和攻击计算机与网络的犯罪活动禁而不止；网络中泄露国家和企业机密、侵害和扩散个人隐私的现象大量存在；我国网站频繁遭受黑客攻击和网络病毒感染，已成为世界主要受害国之一。仅中国国防部网站和军网每月遭受的境外网络攻击数就达 8 万多次。从细节看：我国网络技术起步较晚，虽然发展较快但仍然存在不足，网络技术人才与管理人才匮乏。网络建设所用硬件、软件，大部分依赖进口，不仅设备本身安全性能差，而且人为的不安全因素也同时存在。在网络攻防的关键技术上缺少自己的“杀手锏”，就难以摆脱受制于人的被动局面。因此，在网络核心技术的研发与使用上，我们必须走自主创新之路，培养一批网络安全保密管理系统的规划设计人才、应用软件研制开发人才、终端用户的操作使用人才、硬件设备的维修保养人才、系统性能的监测评估人才。

（三）精确运用技术

网络是随着信息技术的发展而诞生和成长起来的，其支撑技术不仅决定着网络运行效率，更决定着网络的导向和宣传的成效。用技术来维护国家利益，实行必要的新闻管制，这是任何国家舆论战略中一个极为重要的手段。新闻管制的目的，是净化舆论，加强网民情绪的疏导和健康的网络舆论环境建设，形成客观、理性、健康、和谐的网络舆论环境。疏导网民情绪，需要耐心、细致、高水平、高质量的工作，需要各主要网站、专业网络舆论疏导人员、新闻记者和编辑、新闻和时事评论人员、政治系统安全的所有责任者和维护者以及所有对当前政治系统怀有善意的网民通力合作，实施实体层次、能量层次和逻辑层次的网络对抗，技术上采用 IP 监控、DVR 监控（数字硬盘录像机），因为目前数据、视频、声音以及其他都是通过网络线来进行传输和管理，因此应当重视接入网络线。大量技术人员熟练精确地利用现代科技，能及时删除不良信息，适时发布更新消息，确保信息公开透明，科学疏导网民情绪，积极引导舆论走向。

（四）把准舆论导向

把准舆论导向，一要有理论基础，二要能及时应对。关于“理论基础”，我们应积极引入传播学。传播学在两次世界大战的直接刺激下，迅速成为一门显学，其中一些非常有分量的理论成果就源自传播学者对战争中传播行为和效果的大量实证研究。海湾战争以来，美军更加倚重传播学的相关成果，不断加强对舆论战谋略研究，带动舆论战法创新。伊拉克战争中，美军创造“舆论震慑”和“舆论斩首”战法，密切配合军事上的“震慑行动”和“斩首行动”，收效显著。关于“及时应对”，一是要有预案。根据舆情，运用社会媒介系统有选择地、连续不断地发布某一方面的信息，议论某一方面的话题或事件，烘托、放大、做强对我所利所需的舆论，淡化、淹没、搁置对我不利的话题，以营造特定的意见环境。二是要有应变。随着法制的健全，记者无限追逐新闻自由的可能性大减，因而他们往往会想方设法绕过法规，擅自发布或炒作不利于国家利益的消息和传闻。如仅仅采取拒绝采访、阻断新闻源等简单方式限制信息流动是不够的，寻求运用合理的调控手段，积极引导健康正确信息的发布，才是高明之举。

（五）大力进行宣传

美国前总统艾森豪威尔曾说：“花在宣传上的 1 美元，等于在国防上花费的 5 美元。”民众的支持与认同，是现代政治合法性最重要的前提和基础。如果民众对政治系统不认同，即会产生政治认同危机，进而可能演变成现实的政治危机，危及政治安全和社会稳定。因此，在充分把握敌情、我情和网络环境的条件下，只要舆论导向正确，政府就必须开足马力，下大力气宣传党、国家和人民的主张与意愿，最大程度地实现民众之所想，真正是“情为民所系、权为民所用、利为民所谋”。广播电视是时间媒体，报纸杂志是空间媒体，网络是将二者充分结合起来的一种多维组合的媒介，“多媒体”是网络区别于传统媒体的重要标志。政府应成为网络宣传的主力军，把“政府之声”融入到文字、图片、音频、视频、动漫、图表等多种表现手段之中，充分挖掘博客、论坛、播客、电子报刊、在线网聊、网络直播、视频点播、投票、邮箱、跟帖、评论等互联网业务的潜力，让网络宣传图文并茂、声色交织，兼具报纸、杂志、广播、电视等传统媒体在传播上的优势，为网民提供一种全景式、立体化的报道。

（六）全期系统管理

提高舆论引导能力，是一个体系建设的过程，需要从始至终进行全期全面的管理。这方面，我们要努力做到以下五点：一是必须坚持党性原则，牢牢把握正确舆论导向。舆论引导正确，利党利国利民；舆论引导错误，误党误国误民。二是必须坚持以人为本，增强新闻报道的亲和力、吸引力、感染力。要把坚持正确导向和通达社情民意统一起来，多反映人民群众的利益要求。三是必须不断改革创新，增强舆论引导的针对性和实效性。坚持用时代要求审视新闻宣传工作，按照新闻传播规律办事，创新观念、创新内容、创新形式、创新方法、创新手段。四是必须加强主流媒体建设和新兴媒体建设，形成舆论引导新格局。从社会舆论多层次的实际出发，把握媒体分众化、对象化的新趋势。五是必须切实抓好队伍建设，增强凝聚力和战斗力。努力建设一支政治强、业务精、作风正、纪律严的新闻宣传队伍，培养造就更多人民群众喜爱的名记者、名编辑、名评论员。总之，加强网络管理，提升舆论引导能力，就是要帮助公众了解真相，提高对各种信息的鉴别和判断能力，用正确的、健康的观念去强化受众头脑中原有的那些积极认识，同时驱除和驳斥那些错误的、模糊的、落后的认识。

军队参与处置公共危机问题研究

二炮司令部　杨承军　尹　宇

公共危机是指国际及国内事务中出现的重大危险或突发事件，具有盖然性大、突发性高、随机性强、影响深远等特征，直接关系到国家安全、社会稳定和执政地位的巩固。公共危机管理也称政府危机管理，是国家各级政府针对公共危机事件的发生、发展及危害程度，综合运用国家机器特别是军事手段，进行的决策及管理行为。

公共危机是新时期非传统安全问题的重要内容。我军作为国家安全的支柱，应密切关注、深入研究公共危机事件发生、发展的特点规律，并在军委总部及国家机关的统一部署指挥下，为迅速平息和消除公共危机事件的负面影响发挥积极作用。

一、公共危机事件呈上升趋势，特征鲜明、影响巨大

（一）公共危机事件的主要类型及特征

综合分析这些年来国际、国内重大公共危机事件，大致可分为自然灾害、事故灾难、公共卫生事件、社会安全事件、恐怖活动等五类。

近年频发的重大公共危机事件，具有五个方面的显著特征：一是突发性。危机的发生往往是在毫无征兆的情况下不期而至，令人措手不及；二是威胁性。危机的出现威胁到政府目标的实现，甚至危及生死存亡；三是紧迫性。当危机出现时，政府对危机做出反应和处理的时间十分有限，任何延迟都会带来更大损失；四是公开性。信息传播渠道的多元化、速度的高速化，使危机高度透明，决策者微小的失误都会造成轩然大波；五是不确定性。公共危机事件通常处于动态，其潜伏、爆发、发展、结束的规律与趋势很难准确把握。

（二）公共危机事件的重大影响

这些重大公共危机事件所造成的影响巨大、不容忽视。一是影响社会稳定。现代社会高度透明，网络及媒体十分发达，任何公共危机事件的出现，都会在社会上迅速广泛传播，如果有人蓄意制造混乱，更易造成以偏概全、以假乱真、甚至无中生有的情况。二是影响经济秩序。不管是何种重大公共危机事件，都将直接干扰国家正常的经济运行，事件本身也会造成重大经济损失。三是影响人民生命财产安全。多种形式的公共危机事件，多数都

对国家财产、社会公益设施、特别是人民的生命财产安全等带来巨大损害，有的甚至是难以恢复和再生的损失。

上述特征和影响的存在，使得公共危机管理决策具有极大的政治敏感性和时间敏感性，从而也加大了公共危机管理及决策的难度。

二、军队是处置重大公共危机事件的主力军

我国这些年来先后出现的公共危机事件，许多都超出了各级政府日常的管理范围和能力权限，需要采取特殊措施、运用特殊手段加以应对。军队参与处置国家公共危机事件，是我军执行多样化军事任务的重要形式和内容，是我军宗旨和性质的鲜明体现，同时也具有独到的优势。

（一）反应迅速

军队具有严密的战备值班制度及多年形成的快速反应机制，能够对重大意外突发的各种公共危机事件做出快速反应。在多次国家应急抢险救灾行动和平息各种政治动乱行动中，都一再显示出了我军反应迅速的特殊行动效能。

（二）具有手段

我军经过三十多年的现代化建设、特别是通过信息化转型建设的有力促进，军队的侦察预警手段、突击作战手段、协同联合手段、战场再生手段以及各项保障手段等都有了质的飞跃，对于意外突发的各种公共危机事件能够进行强有力的军事处置。

（三）能力强大

我军规模大，实力雄厚，在世界军队中也是首屈一指的。这些能力主要体现在发现公共危机事件征兆的能力、进行迅速作战编组的能力、进行远距快速投送的能力、进行密切协调配合的能力、对事态实施紧急处置并使之尽快恢复常态的能力等。

（四）能够持久

我军保障体系完备，既有一定基数的战备贮存，又有很强的应急保障、伴随保障能力，还有现地抢救、抢修及战场恢复能力，这些能力确保了我军进行公共危机事件处置有着很强的顽强性和持久性。这一点，在未来的公共危机事务处置中异常重要。

三、军队参与处置公共危机事件亟需提高自身能力

由于我军参与处置各种公共危机事件的经历少、经验缺乏，在不少领域存在薄弱环节，对此我们应清醒认识，并尽快加以消除。当前，应重点在增强责任意识、确立基本原则、提高手段效能、制定程序流程、组织行动演练等方面做好参加处置多种公共危机事件的准备。

（一）增强参与公共危机事件处置的责任意识

深刻认识军队新形势下的使命任务，把参加处置公共危机事件作为执行多样化军事任务的重要形式，看成是军队宗旨、性质的重要体现；深刻认识公共危机事件发生、发展的特点规律，以

更加高效的军事手段进行应对；深刻认识迅速平息各种公共危机事件对于维护国家安全、保持社会稳定的重要作用和时代意义；深刻认识军队参加处置多种公共危机事件的重要性、必要性和紧迫性，从而提高做好各种准备的自觉性、主动性和创造性。

（二）确立参与公共危机事件处置的基本原则

军队参与公共危机事件处置，应明确确立并遵循四个方面的行动原则。

一是时间性原则。对于各种公共危机事件的处置通常不能犹豫、不能议而不决，必须尽快决策，尽快决定参加力量的规模数量，采取紧急手段，及时控制危机事态的发展，以保持社会及国家秩序的高度稳定。

二是效率性原则。公共危机事件通常发展速度很快，而且影响大、事态重，还有可能引发一系列连锁反应。要求军队各级在受领任务后必须快速反应，高效动员军事力量及多种资源投入行动。

三是协同性原则。参与平息公共危机事件通常需要投入多种力量参加，除了主战部队外，还将涉及通信、军交、工程、医疗、消防、维修等多种保障力量，因此，建立统一协调的行动机制和指挥机构非常重要。

四是科学性原则。军队参加处置各种公共危机事件必须讲究科学，不可蛮干。因核泄漏、环境污染事故以及由多种自然灾害造成的危机事件，更需要注重科学性和技术性，并尽可能地听取相关专家意见。

（三）提高参与公共危机事件处置的手段能力

针对当前我军在该领域存在的薄弱环节，我们应尽快在科学决策能力、应急反应能力、快速投送能力、高效行动能力、完善再生能力等方面予以加强。在科学决策上，平时应在力量部署、行动预案、建立与相关方面的联络机制等方面做好充分准备，一旦发生事件，能够对参战力量、行动部署、投送方式等尽快形成决策。在应急反应上，要深入研究公共危机事件发生的特点规律，掌握易发生公共危机的重点方向、重点领域及可能形式，公共危机事件发生后能够在第一时间做出智慧和正确的反应。在快速投送上，注重加强投送手段的更新，在现有地面、空中、水上输送手段的基础上，通过研制革新和技术改造，加强其快速、大量、抗干扰和安全投送的能力。在高效行动上，出现危机征兆后，通过指挥机构进入临战体制、部队进入临战状态的做法，积极配合其他力量，发挥好在平息事件中的突击作用和主力军作用。在恢复再生上，强化抢救、抢修力量配置，通过战地应急调整，使一线部队处于齐装满员，具有较强的自救和恢复再生手段，能够始终保持高效的行动能力。

（四）熟悉公共危机管理程序和主要工作

军队参加公共危机事务处置，必须熟悉运用程序和行动流程，以更好地发挥突击作用。

对于公共危机事件发生前的管理，要尽最大可能避免出现危机或降低危机强度，搞好动态预测，树立现代危机观念，提前构建良好的激励机制及惩戒机制，做好处置公共危机应对的多种方案和预案，搞好危机应对的常识培训与适应性强化训练。

对于公共危机事件发生中的管理，目前我国发生各类公共危机突发事件时，多以部门为单位逐级汇报，缺乏快捷、有效的信息传输方式和横向沟通渠道，不利于在公共危机发生时快速高效应对。我们应在第一时间尽快判明公共危机的性质和事态状况，提出控制方案和行动措施。

对于公共危机事件发生后的管理，要严密组织公共危机出现后的处置，主要是恢复重建和受灾后的人员安排，尽快组织深入的调查研究，最大限度地减少负面影响，保持社会稳定；按照中央的统一部署，协同配合，各司其职，积极与国家其他处置力量进行合作与配合。

（五）尽快构建可靠运行的公共危机管理预警体系

预防是解决危机最好的方法。结合军队正常的战备值班机制，根据以往我国发生公共危机的多数情况和特点规律，应尽快建立危机预警系统，包括电子预警系统和指标性危机预警系统；尽快建立完善危机值班制度，这将与现行的战备值班体系既有重合的部分，也有单独运作的构成；尽快建立多种应急处置方案，形成能够应对不同性质、不同规模、不同强度、不同范围的应急处置计划。

（六）组织参与公共危机事件处置的训练演习

要提高军队在执行处置公共危机事件中的能力，平时应组织相应的训练和演习。演习必须有很强的针对性和指向性，紧密结合可能发生的公共危机事件实际设置训练情况。

从世界范围看，政府对于公共应急管理机制比较成熟的有三种模式：即美国模式特征为“行政首长领导，中央协调，地方负责，军队参与”；俄罗斯模式特征为“以国家首脑为核心，联席会议为平台，相关部门及军队为主力”；日本模式特征为“行政首脑指挥，综合机构协调联络，中央会议制定对策，地方政府具体组织包括军队实施”。我国也亟需形成这样的机制，政府要通过完善首长负责制，建立健全危机管理体系，相关部门负责公共危机管理，行政首长对所辖范围出现的公共危机事件负有责任，并在平时沟通与军队的联系，军队在地方政府的统一协调下展开行动。这种训练和演习的协调机制可分为两类，即无等级协调机制和等级协调机制。等级协调机制是指按照军队等级与地方政府相应级别的协调机制；无等级协调机制是指按照公共危机事件需要所实施的应急行动而不涉及等级关系，主要是行动协同和信息沟通的协调机制。我国现在缺乏的是后者这种机制，亟需尽快构建并逐步加强。

（七）学会运用新闻媒体手段，尽快平息公共危机事件

军队平时与新闻媒体的直接接触不多，在参加处置各种公共危机事件中，应学会并适时运用广播、电视、报刊和互联网等多种新闻媒体手段配合，以增强平息公共危机事件的进度和效果。一是在行动前组织和参加相关新闻发布会。说明公共危机事件发生、发展的事实真相，阐述军队参与平息事件的重要性和必要性。二是对于平息公共危机事件进程情况及时发布。说明在平息事件中的主要做法、行动依据及基本效果，主要是安定民心，促进恢复社会稳定。三是对于平息公共危机事件结果和情况进行新闻发布。说明事件处置情况，宣布对敌对势力和坏分子打击的主要情况及效果，以及所带来的政治、经济和社会效益等。四是适时接受主流新闻媒体的正面采访。军队要有权威的发言人和统一的外宣口径，在现实生活中，新闻媒体的手段多样，传播迅速且面广，一旦出现人为宣传失误或受到坏人误导，很容易出现难以挽回的负面影响。因此，军队要主动参与、控制并主导正面宣传，配合军事行动更好、更快地达成预期平息效果。

以警务管理创新促进社会稳定

南昌市人民警察学校高级讲师　陈　利

当前我国正处在经济社会发展的重要战略机遇期和矛盾凸显期，公安机关肩负巩固党的执政地位、维护社会长治久安、保障人民安居乐业的三大历史使命，维护社会和谐稳定任务十分艰巨繁重。在此背景下，警务创新就成为社会管理创新的重要内容。

一、警务管理是社会管理的重要内容

社会管理主要是政府和社会组织为促进社会系统协调运转，对社会系统的组成部分、社会生活的不同领域以及社会发展的各个环节进行组织、协调、监督和控制的过程。胡锦涛总书记指出："我们加强和创新社会管理，根本目的是维护社会秩序、促进社会和谐、保障人民安居乐业，为党和国家事业发展营造良好社会环境。"

（一）维护社会秩序是法律赋予公安机关的根本职责

我国《宪法》规定："国家维护社会秩序，镇压叛国和其他危害国家安全的犯罪活动，制裁危害社会治安、破坏社会主义经济和其他犯罪的活动，惩办和改造犯罪分子。"《人民警察法》第一条开宗明义地规定"为了维护国家安全和社会治安秩序……根据宪法，制定本法。"第二条也明确规定了人民警察的首要任务是维护国家安全，公安机关通过维护社会治安秩序，保护公民的人身安全、人身自由和合法财产，保护公共财产，通过预防、制止和惩治违法犯罪活动来实现。

（二）维护社会秩序，巩固党的执政地位

《中共中央关于加强党的执政能力建设的决定》指出："党的执政地位不是与生俱来的，也不是一劳永逸的。"这句话警示我们，在长期执政的过程中，党所面临的各种风险和挑战，使党面临着巩固执政地位、维护执政安全的考验。公安机关是我国人民民主专政的重要工具之一，必须坚持党的绝对领导，巩固共产党的执政地位，务求党的执政基础永不动摇，就必须坚持立警为公，执法为民，维护最广大人民群众的合法利益，争取广大人民群众的支持理解，进一步夯实党的群众基础，从而赢得最广大人民群众的拥护，从根本上巩固共产党的执政地位。

（三）提高驾驭社会治安局势的能力与效能

对于公安机关的地位、作用，周恩来总理有句耳熟能详的名言："国家安危，公安系于一半。"公安机关治安管理是政府社会管理的重要组成部分，其管理的成效直接影响到群众的生活和社会的稳定。当前面临的新情况、新问题，给新时期公安工作提出

了更高的要求。我国正处于经济转轨、社会转型时期，导致各种利益出现大调整，社会矛盾增加，必然引发一些社会治安问题，治安形势仍然严峻。因此，公安机关要与时俱进，不断改革和创新公安工作，提高驾驭社会治安局势的能力。

二、警务创新势在必行

社会管理的基本任务包括协调社会关系、规范社会行为、解决社会问题、化解社会矛盾、促进社会公正、应对社会风险、保持社会稳定等方面。做好社会管理工作，促进社会和谐，是全面建设小康社会、坚持和发展中国特色社会主义的基本条件。

（一）应对敌对势力新挑战，警务创新势在必行

在世界多极化、经济全球化、社会信息化的影响下，影响国家安全和政治稳定的因素出现了新变化、新特点，维护国家安全和政治稳定的工作面临着新情况、新挑战。境内外敌对势力打着维权、民主旗号，插手人民内部矛盾，进行渗透、颠覆和破坏的方法手段进一步增多；民族分裂势力、宗教极端势力、暴力恐怖势力的破坏活动和进攻态势进一步突出；“法轮功”等冒用宗教名义的邪教组织颠覆破坏的现实危害进一步加剧；敌对分子利用互联网歪曲事实、恶意炒作社会热点问题的力度进一步加大；达赖集团、“藏独”分子、“东突”等分裂、恐怖势力对我国的暴力恐怖现实威胁进一步严重，等等。面对着这些十分复杂严峻的冲突和挑战，要求公安机关必须紧跟国际、国内形势，不断创新警务工作，寻找破解方法和处置良策，未雨绸缪，才能有效应对。

（二）面对社会矛盾的新特点，警务创新势在必行

由于经济体制深刻变革、社会结构深刻变动、利益格局深刻调整、思想观念深刻变化，由于发展不平衡、不协调、不可持续问题短期内难以解决，人民内部矛盾出现了矛盾碰撞扁平化、利益表达差异化、典型个案聚焦化、矛盾上交一元化等特征，新老矛盾、大小矛盾、内外矛盾交织叠加的趋势明显，由此引发的不稳定因素相当突出；社会群体利己程度加剧、过激行为趋同、政治诉求强烈，群体性事件多发多样，复杂性、敏感性、关联性、突发性进一步增强，处置难度进一步加大。这就要求公安机关在综合传统安全与非传统安全的大安全观中思考、谋划、部署工作，积极创新应对措施，确保处置效果。如果仍沿用传统思维和老办法、老思路，必然事倍功半，处处被动。

（三）违法犯罪出现新动态，警务创新势在必行

新时期形形色色的犯罪类型增多，严重暴力犯罪时有发生，流动人口犯罪、多发性侵财犯罪、网上违法犯罪日益突出，以报复社会为目的的极端案件越来越多。犯罪手段花样翻新，犯罪质量水平提升，犯罪心理和动机更难分析和把握，犯罪分子的反侦查意识越来越强，犯罪技术含量越来越高，有的犯罪手段和术语，一些民警甚至领导听都没听过，更谈不上打击防范。只有不断进行警务创新，从理念、思路、方法、措施等各方面出新出彩，才能提高打击犯罪的精准度和效能度，在科技信息等方面占据与新型犯罪较量的制高点。

（四）社会治安管理提出新要求，警务创新势在必行

流动人口、暂住人口和出租房屋管理，如何既管得住、管得好，又不致于管死和影响社会活力，在这方面还未真正取得突破性进展；重点人口和高危人员管理，目前仍然只有死盯硬守等为数不多的土办法；“社会人管理”，从近年来发生的多起报复社会的极端案件看，已经出现从管人到管人和管心并重的趋势，只有心态平衡，才能社会平安；“虚拟社会”管理，涉网案件事件多，网上网下互动强，热点问题炒作快，舆情导控难度大等问题突出，虚拟社会对现实社会的冲击、互联网对警务工作的挑战是颠覆性的，管理难度前所未有。只有不断创新警务工作，才能找到应对办法，切实掌握主动权，有效掌控治安大局。

三、警惕两极误区

警务活动有法律、政治、道德三个标准：一些地方对警务创新缺乏冷静思考和理性分析，创新超越了警务权限，缺乏法律依据和法治保障，与法治社会的要求不符，这既不利于警务创新的深化和发展，也不利于司法公正和公平正义，不利于维护法制的统一和尊严。《人民警察法》对警察的职能作了原则规定，边界清晰明确。但是在法律之外，政府还要求警察承担政治和道德标准。所谓政治标准，就是《中共中央关于加强和改进公安工作的决定》和第二十次全国公安会议再次明确的公安机关在新的历史条件下的三大政治和社会责任，即“巩固共产党执政地位、维护国家长治久安、保障人民安居乐业”；所谓道德标准，公安机关的根本宗旨是与中国共产党的根本宗旨完全一致的，即“全心全意为人民服务”，形象地反映在漳州 110 倡导的“有困难找警察”工作中。

(一) 防止"热情服务"的异化与误读

在当今中国处于社会矛盾较为尖锐化的多发期，通过一系列亲民行为舒缓紧张的关系的确十分必要，但也要防止走向极端。

20 世纪 90 年代中期，警察开展了频繁的高强度的非警务活动，警察权力作为一种行政权力，在没有得到法律许可的情况下自我权力意识膨胀，大包大揽，自己给自己授权，包揽辖区意外事件处置，进行"无限制服务"，也出现一些消极后果。公安机关不再是专业的执法机构，而是专业的服务机构。其实，所谓警察的"服务职能"，被许多人包括警察自己误读。警察的确是为人民服务的，说到底，共和国所有的职业、职能都是为人民服务的，所以称国家公务员为人民的"公仆"。不过，服务有分工，社会才有秩序。共和国公务员所做的一切都是为人民服务，但是他们不能因此就要包揽一切。检察院的职能是起诉，法院的职能是审判，如果检察院越俎代庖搞审判，法院投桃报李忙起诉，它们的服务职能就混淆了，肯定导致混乱。同样，公安把自己的职能扩大为社区的全方位保姆，就混淆了职能的界限，进而淡化自己的本职职能。警察的本职在于保障社会安全，警察的服务必须也只能体现在维护社会治安上，抛开"治安"这一本职工作，做其他的社区服务，做得再多再好，也不能算"服务"。

为什么会出现警察流汗出力不讨好的现象呢？这是因为在我国应急体系不断完备的过程中，大量的无明确分工的公共管理事务，都由公安机关承担，在赢得群众信赖的同时，也助长了依赖思想。久而久之，有的公安机关就形成了"什么事都该管、都能管"的潜意识。在膨胀观念支配下，加上政绩冲动，一些"过头事"的出现就不足为奇了。作为公共安全维护部门的公权力机关，警务机关的服务面向全社会，公权力理应公平地分配在社会管理当中，公共管理资源的分配不以公众为对象，而是面对特殊个体，这无疑违背了为公众服务的初衷，存在公权私用的嫌疑，也在一定程度上浪费了有限的警力资源。作为警察，首要应该做好打击犯罪维护安全的本职工作，尤其在警力紧张的现实条件下，更应该好刀用在刀刃上。警察用大量时间管他人瓦上霜，肯定会耽误处理治安这一门前雪。

（二）防止“严格执法”的越位与过当

长期以来，公安机关作为国家机器，担负着维护社会治安和社会稳定重任，是党指挥的一杆重要钢枪，在现实生活中：开发商强拆派警察拔“钉子户”；矿业开采出动警察抓“刁民”；城管粗暴执法，甚至打死几个“草民”激起民愤，有记者“诽谤”领导，派警察跨地区长途奔袭抓人，治他个“诽谤罪”；为阻截群众上访，调集警力围追堵截……凡此等等都无一例外地将警察推到群众的对立面，直接成为众矢之的，民众凭直觉判断是警察直接侵犯损害了他们的利益，警察不自觉地沦为“特殊利益群体”操弄的工具。

目前中国利益集团对行政权力机关施加影响，造成了一种两难境地：合法的利益表达方式往往无效，有效的利益表达方式又往往不合法。这种两难状况使得维权民众在经过一系列的上诉、上访无效之后，失望之极，最终脱离规则与法律，“非理性”地采取暴力维权行动。这时，冠以“不明真相的群众在少数坏人的煽动下”这类公式话语，在严格执法的要求下启动警察等国家权力机器暂时平息事端，真正的社会矛盾没有得到解决，又沉积下来等待着下一次迸发。

其实，每个群体事件背后都有其具体的利益诉求，事件反映的是利益群体之间的利益之争，并不是对党的执政地位的挑战。

这点特别重要，这些群体事件中的诉求，充分反映了中国近些年来社会转型中的诸多矛盾焦点，最主要则是经济利益上的冲突。警察的不当介入使得一些群体事件从维权行动变成泄愤行为，进而升级为社会骚乱的暴力冲突。公安部部长孟建柱在 2008 年 11 月《求是》杂志上发表文章，要求各地警务机关在处理群体事件中“必须讲究政策、讲究策略、讲究方法，坚持慎用警力、慎用武器警械、慎用强制措施，坚决防止因用警不当、定位不准、处置不妥而激化矛盾，坚决防止发生流血伤亡事件。”这是十分正确的。

四、警务管理创新的方向

社会管理本质上是围绕着人的服务与管理，社会管理创新的关键词是人本，应“积极推进社会管理理念、体制、机制、制度、方法创新”。公安机关的社会管理创新主要是通过警务模式的调整来规范社会秩序，如果仅仅停留在维稳和社会情绪疏导的层面来谈警务管理创新是不够的，而以为具体地做些好人好事就是警务创新也是肤浅的。警务模式变革和社会管理创新理应相辅相成、互动共进，在以人为本、执政为民、提高科学化水平和法治化水平的价值取向下，通过管理主体、管理方式和管理体制机制创新三个层面进行探索。

（一）厘清思路，认清警察权力有限

现有的某些维稳思路和执法方式不足以有效化解日益增多的社会矛盾和冲突，必须创新管理，形成维护社会稳定的新思路，更加重视利益表达和社会稳定，以法治为核心，推进市场经济条

件下利益均衡与利益表达的制度化建设，形成社会长治久安的坚实基础。中国经济和社会中存在的一些久而不决的问题与矛盾，其背后深层次的原因在于没有建立起与社会阶层结构相适应的政策结构。大量的社会矛盾不能在上游管理环节得到很好解决，并在逐步后移的过程中得以放大，公安机关此时难免成了收拾残局的最后力量。维护社会稳定作为一项社会工程，决非警察独家工作，警察仅是众多职能部门中的一家，从职能来讲，公安机关不是解决社会问题的最终力量，公安机关无法包打天下，单依靠警察来维护社会稳定是远远不够的，必须发动全社会共同参与维护社会稳定，这一点已达成共识。

（二）正本清源，只做专业化的服务

应该将“有困难找警察”这个人尽皆知的口号改为“有危难找警察”，“困难”和“危难”虽一字之差，但却有本质区别。对于“困难”，社会各方面应该各司其职，打白菜最好找邻居，修下水管最好找物业，这样才能让有限的警力出现在“危难”时刻。过分地强调热情服务，必将削弱公安机关打击罪犯的战斗力。打击严重影响社会安定的犯罪历来是公安机关义不容辞的责任，“打击犯罪工作是公安机关的主业，是公安机关保障民生、改善民生、促进社会和谐稳定的首要任务。”“破案是硬道理。群众看公安，首先看破案。”2007 年 12 月 10 日孟建柱部长的这些朴实的话语，道出了真谛。安全需求是人的最基本需求，群众对公安机关的信任与满意，主要来自于违法犯罪是否得到强有力的遏制与打击、自身的安全感是否得到增强。对于平时的违法犯罪行为不积极打击不追究，严打时有收获却能够立功，除了是对正常执法工作的践踏和滥用，更不是社会公平和正义的体现。这种以战役式统一行动为主导的警务模式，已经制约了公安事业的全

面协调发展。

（三）还权于民，重塑执法权威

一个成熟的刑事政策必须经过长时间和反复实践的检验。最好的社会政策就是最好的刑事政策。为化解社会管理领域存在的问题和矛盾，中央提出了“党委领导、政府负责、社会协调、公众参与”的十六字方针。实际上，这既是社会管理所要达到的新格局，同时也是实现这一管理格局的具体实施途径。在操作层面借鉴国际范例，可以探讨重组享有一定警察权的辅助警察，把纯属民事性质的调查业务纳入私人安保产业，建立区别于商业性的民间义务治安组织。如有可能可以尝试把诸如户政、出入境管理、驾驶资格考核等服务行为从公安机关职能分离出去，回归它相应的职能部门等。公安机关就是高度权威的执法机关，依法执行公务，不受琐事困挠，重塑执法权威。虽然政府职能的改变以及民间组织的发展、公民的社会参与等，对政府权力是一种限制和约束，但要使社会建设取得突破，形成一个新的社会管理格局，必须有对权力本身的直接限制和监督。

思想解放的程度决定改革创新的力度，改革创新的力度决定警务工作的成效，只有警务管理不断创新，社会才能长期和谐稳定，国家才能长治久安。

保安在社会公共安全中的重要作用

中警集团　张金龙　吴国华

早在2003年，公安部就提出在全国构建起一个以派出所民警和巡警为骨干，以群防群治力量为补充，以社会面、社区和内部单位防范为基础，以可能影响社会公共安全的特殊人群、危险物品管理为重点，人、物、时、空控制相结合，点线面结合，动静结合，人防、物防、技防结合，警民结合的社会公共安全防控体系。作为社会公共安全防控体系中重要组成部分的保安，如何适应构建新形势下的社会公共安全防控体系建设和创新社会管理的需要，在社会公共安全防控体系中发挥重要作用，本文以我们多年从事保安工作的体会，就此谈一些粗浅的看法。

一、保安是加强管理社会公共安全管理的客观需要

我国保安服务业产生于改革开放不久的20世纪80年代初，

是在党中央、国务院的关心、支持下，为弥补公安机关警力不足，加强政法机关工作力量而发展起来的。从 1984 年广东省深圳市蛇口区诞生第一家保安服务公司到现在，保安服务业在我国已有近三十年的发展历史，保安队伍发展近 400 余万人，保安遍布全国各地。社区、物业、街道、单位、市场、机关、学校、工厂到处可见保安人员值勤守护、协助公安机关维护社会公共安全的身影。保安队伍在维护社会稳定，维护人民生命财产安全、增强人民安全感，促进社会主义经济建设和社会管理，预防和减少违法犯罪，推进公安机关专门工作和群众路线相结合，缓解公安机关警力不足等社会公共安全基础防范中的作用越来越明显，保安工作和保安人员的价值和地位，也越来越被社会所认同和关注。

二、保安队伍是社会公共安全防控体系的重要组成部分

长期以来，我国的社会公共安全防范工作一直由警察承担和包揽，随着社会的发展，经济体制转轨和现代化进程的推进，社会政治、经济形势发生了很大的变化，中国社会的阶层结构也发生了显著变化，各阶层对安全的需求也不尽相同，对安全的认识、安全的内容、选择获取安全的方式也各不相同，单靠政府提供的警察工作，已不能满足人们的安全需求，人们希望更多专业的、非政府性的力量介入到安全服务中来。另一方面，社会阶层的变化必然导致利益主体之间的矛盾增加，社会不安定因素也随之增多。因此，维护社会稳定、保障公共安全将是警察当前及今后一段时间重中之重的工作。警察的工作角度是

从维护全社会稳定入手，将注意力和工作重点大多放在社会面上，而对于个人、企事业单位内部安全不可能照顾周全，只能是通过维护社会稳定、提供良好的社会环境的形式来保障个人、企事业单位的利益，对于个人、企事业单位的一些具体安全需求却无能为力。而整个社会的安全与稳定，就是由这许多的个体安全构成的。保安服务业正是从弥补警察工作之不足着眼，按照有偿服务、平等互利、等价交换的原则，为社会提供各种层次的安全服务，并通过维护个人、企事业单位内部安全，进而促进整个社会的公共安全与稳定。再加之保安公司是独立的法人实体，具有自主经营、独立核算、自负盈亏、独立承担民事责任等特点，使它有很强的自我生存能力，这一点是任何群防队伍都无法比拟的。因此，保安是适应社会发展和形势需要而出现的，保安队伍在社会公共安全防范中的作用也越来越明显。具体表现在：

（一）协助公安机关维护公共安全

1. 协助公安机关做好各类大型活动的安全保卫工作。长期以来，各地举办的大型文体商贸展览展销等大型社会活动的安全保卫工作都是由警察承担，牵涉了大量的警力，使原本就紧张的警力更加不堪重负。近年来，随着保安公司和保安队伍的发展，一些地方开始借鉴国外经验，由保安来承担大型活动的部分安保工作，取得了较好的效果。如 2008 年北京奥运会期间，北京保安每日投入保安力量 3 万余人，承担了奥运场馆、比赛路线、训练营地、运动员驻地等安全保卫工作，大大缓解了警力不足，做出了显著贡献。

2. 维护娱乐场所的安全。随着人们生活节奏的加快，娱乐场所成了人们的压力释放所、减压阀、缓冲区，由于人群相对集中，人员成份复杂，娱乐场所同时也成为了公共安全案件、刑事案件的高发地。娱乐场所的安全成为影响社会公共安全的一个重要因素。正是基于此，国务院在1999年颁了《娱乐场所管理条例》，其中第二十三条明确规定："娱乐场所经营单位应当建立健全各项安全制度，按照国家有关规定配备保安人员。"按照这一规定，各地保安服务公司在公安机关的指导下，充分利用这一法律武器，让保安利用其人员分布广、接触面宽等优势，广辟线索来源，使保安人员在协助公安机关维护娱乐场所公共安全秩序方面发挥充分的作用。据不完全统计，截止目前，北京各保安服务公司向上千家娱乐场所派驻保安员近4000名，派驻人员平均年龄18—30岁，初中以上文化程度，全部经过培训，持证上岗。保安派驻到娱乐场所首要职责，反对就是要保护服务单位的财产安全，维护服务场所的正常秩序；其次要对发生在执勤区域内的刑事、公共安全案件和公共安全灾害事故，及时报告当地公安机关和客户单位，保护现场，协助公安机关维护现场秩序；第三要配合场所预防、制止违法犯罪行为，及时把现行违法犯罪嫌疑人送到公安机关或保卫组织，纠正违反场所安全管理行为；第四要督促场所业主落实防火、防盗等责任制。《娱乐场所管理条例》颁布以来，派驻娱乐场所的保安人员发挥了很大作用，做了大量工作。一是有效维护了场所的正常秩序，改变了过去场所打架斗殴、违法乱纪行为频发的状况。二是场所派驻保安员实际上成为公安机关的耳目，发现问题能及时报告公安机关。三是协助公安机关及时查处发生的问题。

3. 维护公众聚集地、广场、商场等公共场所的安全。仅我中警集团目前共向893家商场、集贸市场等派驻了3428名保安人员协助维护公共安全秩序，年内调解各类纠纷50余起，处置各类安全隐患、突发事件80余起，拣拾贵重物品折合人民币

120余万元，拣拾有价证券30余万元归还失主。他们在维护公共场所的安全中发挥了积极的作用。

（二）维护金融单位和学校等重要部位的安全

1. 维护金融单位安全。银行等金融部门的安保工作，最主要的是运钞、金库的守押和营业场所的看护工作。这些工作，公安机关不可能直接承担，只能由金融单位自行保障，近年来均陆续由保安公司承担安全服务。由专业的保安公司负责金融单位安全，降低和转移了安全风险，使金融安全得到了有力的保障，实现了金融工作“安全、正点、高效、无差错”的目标，受到各界好评。就银行而言，由于实行了安全保卫工作社会化、专业化，银行内部清理上交了各类枪支和押运车辆，自身也最大限度地降低了安全风险。

2. 打造专业校园保安亮点工程，构筑校园安全屏障。面对中小幼安全保卫工作的严峻形势，保安公司将做好中小幼保卫工作作为推进社会管理创新的战略性举措，精心组织，周密部署，全方位做好校园保卫工作。如北京保安：一是专门成立了“校园保安管理办公室”，研究制订了《关于加强中小学、幼儿园保安服务工作的意见》、《校园保安勤务管理暂行规定》及校园保安培训计划等一系列规范性文件，协助有关部门制定了《中小学幼儿园校园保安服务规范》，对校园保安的职责任务、选拔条件、教育培训、勤务规范、装备保障等做出规定，提出具体要求，进一步加强了校园保安规范化、专业化、正规化建设。二是积极适应社会需求，精心组建专业校园保安队伍，全面推进校园保安工作。三是结合本地区本单位实际，积极落实校园安保工作措施。制定了校园安全防范十项长效机制；设立“校园保安岗亭”，第一时间报警，快速反应，及时处置各种突发事件；积极落实公安机关“一警、一保安、一志愿者”标准防范力量，维持中小幼周边良好秩序。四是建设校园技防网络确保实时监控快速出警。积极争取属地政府支持，承揽建设了中小学、幼儿园的紧急报警设施和校园图像监控信息系统，实现全时空、全方位防控体系，取得良好社会效益和经济效益。目前，北京保安已向全市 1043 所中小学幼儿园派驻校园保安 3846 人，为 1060 家中小学幼儿园提供联网报警技术服务，通过加强人防、技防措施维护校园安全，多次发现并抓获欲进入校园的各种嫌疑人，校园保安工作得到各级领导、社会各界充分肯定。

（三）协警打击违法犯罪活动作用明显

如北京保安仅 2010 年，共协警抓获犯罪嫌疑人 55413 名，公安机关从中破获刑事案件 3726 起，治安案件 9754 起。西站保安分公司驻分局图像监控员严密监看，及时发现报告犯罪嫌疑人线索，使“10.21”东直门外大街爆炸案犯罪嫌疑人被抓获，案件得以成功破获；2010 年 8 月 13 日，朝阳区呼家楼社区发生一起持刀抢劫案件，朝阳分公司驻呼家楼社区保安员在民警带领下抓捕犯罪嫌疑人，在民警被刺伤情况下保安员紧追不舍，最终将持刀犯罪嫌疑人抓获。

三、影响和制约保安队伍在公共安全防范体系中发挥作用的主要因素

（一）内在因素

保安队伍自身存在的问题：一是保安自身素质不高，队伍整体素质偏低。二是保安队伍不稳定、流失率高。三是缺乏专门的

保安管理人才、专业技术人才。保安队伍中不乏爱岗敬业、勇于流血牺牲的先进模范人物，也涌现了许多令人传颂的先进事迹，但这个群体的整体素质和文化程度，普遍偏低，保安职业目前仍被列入低素质和简单劳动行列。绝大多数保安服务公司雇用的保安队员都是从农村招的初、高中毕业生或复员退伍军人，且初中毕业占很大比例，文化程度、个人素质相对较低。据统计，我中警集团保安队伍中，大专以上文化程度的占0.5%，高中以上文化程度的占8%，初中文化程度的占90%。再加之由于“非法保安”侵犯公民权益等事件、案件的不断发生，令人们对这个职业群体忧虑重重，一些人甚至产生了不信任感。保安在社会上的形象毁誉参半，保安队伍出现了信誉危机。另外，由于受经济因素的影响，人防保安收费低，还需要交纳营业税、所得税和社会劳动保险金。保安公司为了获取最低微薄利润，只好压低从业人员的工资待遇。保安业陷入了这样一种恶性循环：待遇低下，无法吸引高素质的人员从业——没有高素质人员导致不能很好解决客户的问题，最后影响公司效益——公司效益低下反过来又造成工资待遇低和保安的高流失率。不断的恶性循环导致多年来保安队伍整体素质无法提高，也严重影响保安队伍在公共安全防控体系中更好地发挥作用。

（二）外在因素

整个社会甚至有的公安机关对保安工作都认识不足，看不到保安队伍在社会公共安全防控体系中的重要作用，认为只有打击犯罪才是“真正的警务工作”，导致抓保安工作措施不力，保安公司运作艰难。

四、工作建议

（一）进一步提高认识，更新观念

各级领导要充分认识到发展保安事业是加强基层基础防范工作，补充和完善社会公共安全防控体系的重要措施，要始终坚持专门工作与群众路线相结合，为保安公司提供良好的发展空间和外部条件，使保安队伍不断发展壮大。

（二）利用保安人防优势，进一步完善公共安全防控体系

一是努力使防范力量专业化、职业化，保安人防覆盖率达到应防范总区域的60%以上，技防覆盖率达到应防范总区域的100%。

二是逐步建立起社区、物业和行业保安队伍。依靠城市街道、办事处和派出所在城市的商业网点集中区、公共安全情况复杂区域和可防性案件高发区建立保安巡逻队；在旅游景区和铁路沿线、大中型企业内部和周边采取各种形式，建立灵活多样的景区、铁路和单位保安力量，维护社会公共安全秩序。三是在建立队伍的基础上制定和完善社区、物业、行业、铁路、景区、单位保安的职责和执勤规范。四是保安人员要落实好自己守护范围内的安全防范责任制。保安要在确保守护单位安全的前提下，主动将视线向周边地带延伸，增加防范的辐射面，在力所能及的区域内发挥社会保安联动作用。

（三）建立相应的社会公共安全防控经费保障机制

保安队伍作为社会公共安全防控体系中的一支重要力量，其

发挥的作用也逐渐被社会所承认，但由于保安参与防范工作没有相应的经费作保障，各种措施最后难以落到实处。保安公司是“谁受益、谁出资”的有偿服务原则，因此只有建立相应的保障机制，才能真正将保安队伍稳定下来，也才能将各项防范措施持久地落实下去。

（四）进一步加强对保安队伍的教育和管理，铸就一支形象好、素质高、纪律严、服务优的队伍

首先，要从教育入手，改变传统“即招即训即用”短效做法，大力发展中等或高等保安长效教育。其次，要建立健全保安员持证上岗、岗位责任制、纠察、奖惩、年度轮训考核、淘汰等制度，完善保安队伍规范化管理机制。第三，要推行保安队伍职业化建设，稳定保安队伍。要从政治上、工作上、生活上关心保安队员，为保安从业人员解决相应待遇，如保安员完善社会保险，建立薪酬保障机制等，解除他们的后顾之忧。第四，要建立科学的用人机制，用好人才，留住人才。

（五）大力宣传保安的英雄事迹和在维护社会公共安全中的突出成绩，争取全社会对保安的支持

保安队伍在维护社会公共安全中涌现了许多可歌可泣的事迹，但无论是从保安员自身还是从社会角度看都缺乏宣传，整个社会对这支队伍还缺乏应有的了解，保安队伍在公共安全防控体系中发挥的作用没有受到真正的重视，宏扬保安新风尚，以及对保安队伍的宣传工作亟待加强。只有宣传工作到位了，才能使全社会都认识保安、了解保安、支持保安工作。

对社会管理创新的几点思考

国防大学原教授　朱国林

自新中国成立至今，全国各族人民在中国共产党领导下，经过60多年的艰苦奋斗，“富起来”、“强起来”，广大基层民众欢欣鼓舞。同时也感到经济社会发展的“不平衡、不协调和不可持续”等诸多矛盾，正在考验执政党的执政理念、执政根基、执政宗旨和执政方略。为此，应坚持科学发展、统筹兼顾、紧密团结、超常作为、矢志不移，坚持共产主义的远大目标。

在经济全球化的大背景下，显现诸多的社会矛盾都是必然的。问题是我们对问题不能回避观望，必须要正视它、研究它、解决它。

当前，有的领导干部在群众中的形象不好：从管理角度看，指挥不畅，执行不力；上有政策下有对策，“歪嘴和尚”较多。深层矛盾日渐积累，不断转化为群体事件。

改革开放后，一些人打着与国际接轨的旗号，不顾客观条件加快建设所谓超级大都市、中心城市和卫星城市，侵占农村土地等资源。城乡比重严重失衡，差距随之急剧扩大。

随着推行“股份制”和“国企改制”与农村“土地流转”，孳生了捞取国有资产的“权贵集团”，大批工人下岗自谋职业，农民失去土地。如此下去，我们党将失去民心，丧失执政的社会基础。

中华民族的历史是英雄辈出的历史。每个历史时期都有代表当时经济、政治、军事、科技的杰出人物。然而，有些教科书却把历史公认的杰出人物要么删去，要么贬低，致使民族自尊心和自信心受到严重影响。

市场经济不加管控，势必助长唯利是图的欲望。如果资本与权力集中在少数人手里，势将出现强势与弱势的对立。

和谐的前提是矛盾双方必须彼此尊重、彼此理解、彼此宽容，同在华夏大地上“共生共荣”。如果多种矛盾存在，矛盾的主要方面自恃强势，无视弱势群体的冤情和感受，势必群体事件不断发生，维稳成本不断增高。

我们共产党的奋斗目标，就是要率领中华民族实现共产主义。如果不加正确引导，不讲共产主义远大目标，不以共产主义思想教育青年，那就会背离自己的宗旨与初衷！

一、值得探讨的社会管理问题

第一，西方管理理念的影响。社会管理是个十分复杂庞大的系统工程。一个时期以来受西方管理理念的影响，突出“财团荣耀”与“个性张扬”，致使有些政府机关成了官僚衙门，公务员只想当官做老爷。利益分配不公、贫富差距难以缩小。

第二，官本位思想。当今社会“以官为荣”、“以官为本”，“有权不用，过期作废”；“一人得道，鸡犬升天”，“万般皆下品，唯有读书高”；“官官相依，官官相护”，民众视之为“权贵集团”。

第三，利益集团。有些人以不正当手段一夜暴富，富起来后就想获取公权，捞取政治资本。这些利益集团，有权又有钱，且影响社会政治结构和高层决策。几乎所有国家级的公益活动和重大的工程项目都能通过“潜规则”孳生一批批“富人”，这就会严重影响党的执政基础。

第四，全面推行私有制与市场化。全面推行私有制的市场经济，势必助长人们的私欲，调动人们捞钱的积极性，为“弱肉强食”的资本主义丛林法则提供众多的宰杀对象，势必加剧城乡矛盾和贫富两极的扩大。

第五，黑社会问题。黑社会是和谐社会的“毒瘤”，也是各级管理实践难以根治的顽症。他们常与权钱结合、并得到公权力保护，制造社会冤情，使党群、干群、城乡和贫富之间等诸多矛盾加剧，给社会管理带来极大破坏。

第六，“西化”、“分化”。近年来西方的低俗文化不断涌进，中华民族优秀传统文化被淡化。在西方价值观的渗透下，有人甚至公开以做汉奸为荣，不惜出卖国家利益，背叛祖国。总结中国近一百多年的历史，“汉奸、内鬼、卖国贼”危害国家利益的历史教训实在不可忽视。

第七，封建迷信。一个时期以来，人们偏重于对物质财富的追逐，弱化了思想政治教育，缺少对主流文化的认知，致使民间各种封建迷信活动扰乱了人们的视线。加上外来教派的渗入，给善良的人们套上了不止一付“精神枷锁”，严重地影响了社会主义核心价值观的确立与传播。

第八，历史遗毒。新中国成立初期，对旧社会遗留下来的“黄、赌、毒”经重点治理后几乎绝迹。近几年来，夜总会、游艺厅、赌场等场所失控，走私贩毒、贩卖人口屡屡发生，给社会管理带来极大的困难。

以上问题有的虽然是经济社会发展过程中不可避免的，但也是社会管理者必须面对和解决的。

二、社会管理创新应遵循的思路

社会管理创新既是理论问题也是实践问题。创新应在继承中创新，在发展中创新，在结合中创新，在借鉴中创新。中国共产党的革命史就是不断创新的历史，也有十分丰富的社会管理创新经验。问题是需要认真梳理，去伪存真，科学总结，理性升华。

（一）维护中国共产党的核心领导地位

中国共产党的核心领导地位，是中国人民在社会发展中的自然选择，必须巩固和维护。一方面要取信于民，各级党的工作者不能只做“代表”，而应甘当民众的贴心人、解困的带头人，做清正廉洁的榜样，争得国人的认同和拥护；另一方面又要有捣毁“权贵集团”的决心，要彰显正气，以得到工农民众的支持和爱戴。

（二）坚持马列主义、毛泽东思想的主导地位

在社会管理实践中，需要以马列主义、毛泽东思想为指导，舍此，容易使方向走偏，政策走样、党群关系走形。因此，必须坚持“社会主义公有制、执政为民、集体富裕”的原则，发扬“独立、自主、自力更生、奋发图强”的精神，以开创社会主义物质、精神、政治、生态四个文明协调发展的新局面。

（三）坚持科学发展观，统筹兼顾各项工作

在社会管理中，从决策方面不要损害基层民众利益、更不要殃及子孙后代的生存环境；要突出社会主义公有制、集体化、按劳分配；突出城乡结构匹配搭接、互补互促、协调发展；要从资源、资金、资产和政策、法规等方面向农村倾斜，迅速改变农村贫困状况，推动经济社会协调发展。

（四）坚持基本理念

在社会管理的不同领域中，要高举“马列主义、毛泽东思想”、“社会主义公有制为主导”、“工农联盟主力军”的旗帜；倡导“鞍钢宪法精神”、“大庆精神”、“大寨精神”、“航天精神”、“八一精神”；履行“为人民服务的宗旨”，为实现共产主义远大目标而奋斗。这绝不是复旧，而是聚民心、凝民志的战略举措。这是经长期实践检验、符合历史发展规律的选择，也是告慰革命先烈、推进中华民族繁荣昌盛的重要标志和战胜一切国内外敌人的有力武器。舍此，就难以体现中国社会主义的真正特色！

（五）坚持平衡协调城乡关系

要从实际出发，保持城乡科学的配比。目前应减缓以房地产为推力的城镇化速度，大力发展农林牧副渔的多种经营；发展农村合作经济，开创具有社会主义公有制性质“新三农”的局面。要在广大山村建设与城市互补互促、天人合一的“中华乐园式”的社区，让农民享受丰厚的物质生活、多彩的精神生活和有尊严的民主生活。

（六）坚持唱响“军魂、党魂、中华魂”

当前社会信仰缺失、道德缺失的问题相当突出。基层民众看不惯、想不通，好像丢了“魂”，没了“精神支柱”。“军魂”唱不响，“党魂”没人唱，“中华魂”在淡忘。从剖析“社会乱象”中人们认识到，当前必须要唱响“军魂”保国家，唱响“党魂”为人民，唱响“中华魂”永立世界民族之林”。

（七）坚持党的先进性的再教育

为凝聚民心，履行党的使命，要抓住机遇整肃党员队伍，清除党内剥削分子和腐败分子。要严惩卖国、叛国行为。要对所有共产党员进行党的先进性再教育，变“代表”为带领，实现人民共同富裕。要鼓励他们建造独具中国特色的“中华乐园”。

（八）坚持“四个文明”一起抓

要推进经济社会的协调发展，必须要注重物质资源共享，不应侵吞；精神资源共融，不应歧视；政治资源共鸣，不应替代；生态资源共护，不应毁坏。不应以强势的霸气，激化社会矛盾。

（九）坚持党的群众路线，紧紧依靠工农基本群众

社会管理实践表明，人民群众是历史的创造者，也是国家利益的维护者。要真正实现社会管理的有序化、科学化，就要动员广大人民群众参与社会管理，整顿社会秩序，铲除社会毒瘤，组织群防群治，防患于未然。

（十）坚持对国民安全意识教育，打赢没有硝烟的战争

“十二五规划”的发展蓝图让人振奋，面临的国内外环境也令人担忧。在机遇和挑战面前，必须对全党、全军和全民加强“居安思危”的教育；要抵制西方“颜色革命”对我国的影响；要教育知识分子树立强烈的爱国情怀和民族责任感，粉碎西方大国“西化、分化”我国的图谋。在这场意识形态的大较量中，一定要打赢持久的“没有硝烟的战争”！

放眼未来，谁能主宰中华民族的命运？那就是中国共产党领导下的各族人民群众，这是社会发展的主体，历史发展的真正的动力。只要我们高举马克思主义伟大旗帜，坚持科学发展观，我们的共产主义目标就一定会实现，也一定能够实现！

印度反腐的困局及启示

新华社世界问题研究中心研究员　詹得雄

虽然印度被西方誉为“最大的民主国家”，但严重的腐败大大玷污了它的声誉。投资者发现在印度做生意要比在中国困难。从2011年4月开始，一位名叫安纳·哈扎雷的74岁的老人，领导了一场声势浩大的反腐群众运动，给政府造成了很大压力。可是，场面虽然热闹，参加者虽然激奋，但实际上并没有对根深蒂固的腐败起到遏制作用，仅仅为党派斗争增加了一个话题，且未来也难以找到答案。

一、“现代甘地”的理想与现实

安纳·哈扎雷是因为让自己所居住的村子脱贫而闻名的。他敬仰圣雄甘地，本人生活简朴，德高望重。他目睹严重的腐败现象而寝食不安，在2011年4月宣布绝食4天，唤起大家反腐的义愤。后来他到了首都，受到深受腐败之苦的人们的欢迎。一个引人注目的特点是，除了平民，许多中产阶级人士也加入了行列。他们为办婴儿出生证也要行贿而愤怒，把矛头对准文官系统。

印度的腐败大致分为三大类：一类是制度性腐败。例如为了竞选议员，各种手段层出不穷。等到当上了议员，就可以凭这种地位寻租。2005年曾有记者冒充行贿者，送上金钱，央求他们在议会里为某个问题提问，结果11名议员收了钱。后来记者把录像公布了，引起议会里一场大风波。这11名议员最终被迫辞职，但这只是冰山一角，这种体制的黑幕之深，不可能因一次事件而改变。第二类是文官系统腐败，以权谋利。第三类可以称之为社会性腐败。为出生证、考驾照、上学、升迁等等，都要行贿。这种事情在印度已见怪不怪，到了不给钱就办不成事的地步。有意思的是，这种行贿一般不漫天要价。一位海归白领人员家的供电总有问题，索贿者开价是10美元。这位白领气呼呼地通过关系找到有关部门的大官。大官答曰：我可以开除他，但这会影响他一家的生活。他只要10美元，并不多。后来他只好给了10美元。这类社会性腐败一旦成了风气，根除极难。更黑暗的是司法腐败，警察收钱伪称自卫杀人的勾当已不是新闻。

安纳·哈扎雷被尊为“现代甘地”，他希望一举改变印度的社会风气，还人民一个清白世界。他开出的药方是建立一个权力极大的新的反贪机构，可以严厉监督一切高官。印度国大党政府开始不以为然，认为是异想天开，甚至把哈扎雷拘留入狱。没想到动了众怒，反腐集会越闹越大。后来政府赶紧把哈扎雷放了出来，让他继续领导示威，同时巧妙地许诺同意哈扎雷的要求，成立一个新的反贪机构，但根据印度宪法，必须交议会讨论通过。

国大党政府很快向议会递交了一份“劳克帕法案”，马上遭到了许多反对党的攻击，纷纷就其内容提出修正意见，计有180条之多。政府答应再考虑，而反对党又攻击政府不是真心想立法。可以想见，要本身就行贿受贿的议员，制定一部严厉监督自己的法律，是何等的困难。哈扎雷眼看反腐已陷入了立法的泥潭，不知何时是个头，便又宣布绝食。但这一次他没能召唤很多支持者，后因身体有病，草草收场。印度陷入了反腐困局，大家都不知如何是好。

二、曼莫汉·辛格的观点

曼莫汉·辛格总理是印度公认的廉洁领导人。他有时受到攻击是因为内阁中一些官员东窗事发。他对印度的腐败也很痛恨，以下是他就反腐发表的一些观点：

他说："腐败是我们所有人深为担忧的问题。然而，对于任何一个政府而言，反腐败都是一个大难题，没有什么能够迅速根除腐败的魔杖。"前总理英迪拉·甘地 20 世纪 80 年代曾说过："腐败是一个世界性问题。"遭到了反对党的痛斥。后来，这些反对党变成了执政党，腐败依旧，甚至更甚。

他说："我认为，不可能仅凭采取某一个重大步骤就能迅速铲除腐败。"这显然是针对哈扎雷说的。印度本来就有反腐的"中央调查局"，难道再加上一个新机构就万事大吉了？

他说："我们必须改进我们的司法体系，提高司法效率。""如果我们的司法系统能高效运转，那么政府官员，或者出于贪婪，或者出于政治压力，犯错之前将会三思而慎行。"印度一个案子往往要拖几年，十几年，许多案子不了了之，司法缺乏震慑力。

他说："将司法体系置于监察机构的管辖范围之内是不恰当的。这样的规定违背了司法独立的原则。当然，我们需要建立一个框架性机制，以便司法机构更加负责任。"为此，政府已向议会提交了《司法责任化》草案，以改进工作。根据哈扎雷等人们的想法，监督机构查出了问题，司法机构应立即照办。如果这样，监督机构便成了无人可监督、制衡的机构了。

他说："我们出台的《信息权利法案》使我们的媒体和人民对政府工作保持着严密的监督。"确实，近来一些大案，正是因为有了《信息权利法案》，政府部门公布了一些文件而被曝光的。

他说："在分配稀缺资源及签发许可证时，政府的自由裁量权遭到滥用。"他答应采取措施结束这种现象。例如，他建议出台《公共采购法》，明确原则和流程，增加透明度。

他说："我希望，所有政党同心协力……每一位公民都齐心合作。""媒体的敏锐以及国民的意识都有助于我们与腐败做斗争。"

三、几点启示

1. 腐败人人痛恨，却自古以来国国都有。只要有权力，就有被滥用的可能。西方说，只要有民主制度，就可以解决腐败问题。这个命题在印度并没有得到证明。相反，一些人甚至可以借用民主的名义达到腐败的目的。印度著名作家阿伦德哈蒂·罗伊最近撰文指出，政治势力已把哈扎雷的人民运动不知不觉地引入符合自己政治利益的轨道；而大财阀则把人民的怒火从骇人听闻的丑闻移开，转而追求更符合他们品味的政策改变。

2. 最大的腐败是制度腐败。西方议会民主造就了一大批院外游说集团。在他们的鼓动下，议会只要通过一个符合某利益集团的法案，就会给他们带来千百亿美元的好处。例如，美国1999年通过废止1931年通过的禁止普通银行从事投资银行业务的法案，为金融投机敞开大门，华尔街发了大财，却给国家带来了金融危机。至今，没有一个华尔街大亨受到惩罚，因为他们都是合法的。这种制度性腐败造成“窃钩者诛，窃国者侯”的局面，是最大的腐败。

3. 反对腐败是一回事，利用反腐达到某种政治目的是另一回事。如果对此没有清醒的认识，情绪激动的群众就可能不知不觉地成了某些人的炮灰。现在西方要搞乱一个国家，先要把它的领导人妖魔化，或渲染其污点，或编一些子虚乌有、耸人听闻的故事。在互联网发达的今天，这很容易做到。读者从哪里去查明真相？等到火点起来后，政府平定骚乱就被判定为“反人权”、“反民主”、“反人类”。另外，一国内部的“反腐政治斗争”，则已屡见不鲜。近几十年来，印度执政党的交替，几乎都是因一些丑闻而转换的。令人失望的是，另一个党上去了，没几年，又一个大丑闻爆发了。老百姓只是看客，十分无奈。

4. 抑止腐败需要一个真正为人民掌权的人民政府，而不是政客的组合。一个有理想、有力量、有担当的政府，才能真正严肃认真地打击腐败。为人民掌权，掌权为了人民，是公务员的基本信念。人民一定拥护这样的政府，政府依靠了占绝大多数的人民，就使腐败分子难以生存。

5. 加强法制建设和各种制度建设，才能从源头上防止腐败。制度越透明越好。老百姓如果清楚办一件事要经过哪几个程序，需要哪几样条件，多长时间能办好，到时候办不下来到哪儿去上诉，官员就不可能等着收贿了。

6. 任何法律和制度都是靠人去执行的。人的素质决定了它们能否真正落实。对公务员的考核、监督和退出机制十分重要。现在有那么多人上访，不但要帮助解决问题，还要查查是哪些人把本来可以解决的问题久拖不决？追查责任是不可或缺的环节。对公务员有奖有惩，才能树立正义，打击歪风邪气。

7. 风清气正是我们追求的目标。但我们要清醒地看到，不可能一时根除腐败。反对腐败是一场持久战，不能急躁，也不能提过高的要求。老百姓其实也懂得这个道理。

8. 比较理想的局面是：良心上不愿贪、制度上不能贪、法制上不敢贪。应该为此做不懈的努力。这也是社会主义的题中应有之义。

国外应急体制经验和教训

国家行政学院应急管理培训中心 李 明

冷战后，世界地缘政治格局发生了重大变化，经济全球化趋势，资源的全球性配置，各国间相互依存关系的加强，使得任何一国都不可能孤立地存在。具体到各国内部冷战时期以军事对抗为目的建立起来的防护体系，正在悄然地发生着变化，即各国对于民事防护体系高度重视，各国的应急管理体系逐步地建立起来。

一、主要国家应急管理体制

这里以美国、俄罗斯、英国、德国、日本等国家的应急管理体制为例，探讨主要国家应急管理体制的特征以及存在的问题。

（一）美国政府应急管理体制

1979 年，随着国内各类突发事件处置工作的增多，美国联邦政府将危机处理相关机构进行了重新组合，成立了联邦应急管理署（FEMA）。联邦应急管理署职能主要是包含突发事件应急指挥、控制和预警功能的综合突发事件管理系统，以自然灾害处置为主。各州和地方政府政府也纷纷建立了相应的应急管理机构。

美国“9·11事件”中，由于信息孤岛、缺乏协调配合等问题，是导致美国政府反应迟缓的一个重要原因。鉴于存在上述问题，美国联邦政府于2002年11月合并了海岸警卫队、移民局及海关总署等22个联邦机构，成立国土安全部。

美国政府改革后应急管理体制主要特点是：一是横向上实行统一管理，包括机构统一整合、人员统一管理、资源统一调度，甚至应急号码各地也纷纷统一为911。二是纵向上实行属地为主，以州和地方政府为主建设应急管理体制，只有在州、地方政府有请求的情况下，联邦、州政府才能介入。三是分区管理、区域协作，联邦应急管理署依据突发事件的类型及资源分布等情况，将全国划分为10个区域，综合应对各类突发事件；为增强应对合力，地方政府之间签订有区域应急协作协议，规定互相救助权利义务事宜。四是应急管理的标准运行，包括突发事件处置的各项规范，甚至连应急指挥部中的各种不同功能的智慧小组，都规定有不同颜色的衣服加以区分。

（二）俄罗斯政府应急管理的体制

前苏联解体以后，俄罗斯开始对应急管理机构进行了全面整合，改变了原来冷战时期围绕战争体系建立起来的紧急反应机构。1994年，俄罗斯联邦政府成立“民防、紧急情况和消除自然灾害后果部”（简称联邦紧急情况部），专门负责自然灾害、事故灾难、公共卫生和反恐等突发事件的应急处置工作，并开展了广泛的国际合作。

俄罗斯应急管理体制的主要特点是：一是设立了强有力的突发事件处置管理部门，俄罗斯联邦紧急情况部与国防部、内务部、联邦安全局、对外情报局等部门，成为俄罗斯联邦政府5大“强力”部门，紧急情况部甚至设有自身的安全部队。二是划分突发事件应对区域，俄联邦和联邦主体间设立六个区域中心，每个区域中心管理下属联邦主体的紧急情况局。三是实行分级管理，俄联邦州、直辖市、共和国、边疆区等，城市和基层村镇等三级政府设置紧急状态机构。全国形成了五级应急管理机构垂直管理模式。四是横向形成完善的内部管理机构，以俄罗斯联邦紧急情况部为例，该部设有部长、第一副部长3位副部长、1名俄首席消防巡视员、1名首席军事专家，部门包括民防、国土政策、防范异常情况、经营管理、基础设施改良、国际行动、行政、财政经济、组织动员、人员选拔、后方装备等，专门的办公室包括民防部队、组织灭火和特别防火、国家消防监督、联邦国土支援、国家对小型船只监管、搜救服务水上导航及打捞装置、太空及空中救援科技、控制及审计等。

（三）英国政府应急管理体制

英国政府的应急管理机构包括国民紧急事务委员会：Civil Contingencies Committee（CCC），中央政府设有国民紧急事务委员会，由各部大臣和其他官员组成。委员会秘书负责指派“领导政府部门”，委员会本身则在必要时在内政大臣的主持下召开会议，监督“领导政府部门”在危急情况下的工作。事件发生时候组成内阁紧急应变小组：Cabinet Office Briefing Room（CORB，又称眼镜蛇）。2001年，内阁办公室之下还成立了国民紧急情况秘书处（Civil Contingencies Secretariat，CCS），进行危机政策的制定、风险评估、部门协调和人员培训等日常工作，对政府各部门特别是国民紧急事务委员会提供支持。国民紧急事务秘书处包括风险评估、运行管理、政策三个分支机构，另有原来负责应急管理培训的应急规划学院，于2010年进行民营化改革，委托一个公共服务类企业经营。

英国的应急管理体制具有如下特点：一是“领导政府部门”（Leading Government Department，LGD）。灾难发生后，根据性质和情况需要，国民紧急事务委员会会指定一个部门作为“领导政府部门”，处置不需要跨部门协调的事件。该部门不取代地方政府在危机处理中的角色，而是负责在中央层面上协调各部门行动，收集信息等。二是金银铜三级指挥体系。“金”层级官员重点考虑事件发生原因、影响、采取的措施和手段；“银”层级官员根据“金”层级下达的目标和计划，分配任务，向“铜”层级下达执行命令；“铜”层级官员在现场负责实施处置任务。三是区域划分明显。根据英国现有的政府管理体制，英国各地普遍建立了应急管理机构，主要分英格兰、苏格兰、威尔士和北爱尔兰等地，具有完全不同的应急管理体制。

（四）德国政府应急管理体制

“9·11”事件和易北河洪水后，德国政府于2004年成立了“联邦民事保护与灾难救助局”（BBK），职责范围：自然灾害、工业事故、传染疾病、恐怖主义。

德国应急管理体制具有以下特点：一是联邦和地方政府在民事保护方面进行了严格的分工。联邦政府主要负责战争状态下的民事保护，以及国际民事保护事务；16个联邦州政府负责和平时期的民事保护。二是应急志愿者在应急救援中发挥着重要作用。与各国依靠军队参与救援不同，由于德国是二战战败国，正规国防军发展一直受到限制，因此依靠志愿者进行救援成为德国应急救援的一个特色。如德国技术救援署成立于1950年，目前拥有8万名志愿者，专职工作人员不到800人。主要工作：搜救、清污、转移、修理、抽水、照明、电缆安装、爆破、水净化、提供饮食、重建等。三是实行标准化的运行。德国按照北约的军队指挥规则，制定了进行救援、指挥的一系列标准，使得军队、地方的指挥行动实现统一化。

（五）日本政府应急管理体制

日本近现代以来，建立了严密的应急管理体系，这一体系以内阁府为中枢，采取了集中应对的管理体制。日本应急管理最高决策机构是中央防灾会议，纵向上实行中央、都（道、府、县）、市（町、村）三级防救灾组织管理，横向上建立各省、厅分工合作的应急机制。中央防灾会议主席为日本首相，成员由防灾担当大臣、内阁各部长、4 名指定公共机构（日本电讯电话公司、日本银行、日本红十字会、日本广播协会）负责人和 4 名学者组成。中央防灾减灾工作机构在内阁府，定编 50 人，专门设置 1 名防灾担当大臣，承担防灾政策规划、大规模灾害应急，以及统筹协调等职责。横向上有总务省消防厅、文部科学省、经济产业省、海上保安厅和环保署等机构。

日本政府的应急管理体制具有以下特点：一是健全的应急指挥体系，中央和地方之间分工明确。重大灾害指挥体系中分为两类指挥部，即各级应急指挥部（灾害对策本部）、现场指挥部（现场对策本部），内阁府指挥部（对策本部）与各级对策本部相互连通。二是严格的指挥管理制度，应急行动实现制度化。每个应急指挥部（对策本部）有 50 个（市、县级）至 100 余个（内阁府）应急指挥席，座席长官位置固定、设施齐备。灾害或紧急情况时，防灾会议成员要在半小时内赶赴对策本部，开展会商研判和指挥。三是全民性灾害防御教育和行动网络。日本建立了由政府、社会团体、个人组成的全社会防灾体系，各个不同的主体之间责任明确、各负其责，起到了有效的防灾减灾作用。

二、各国应急管理经验与问题

新世纪以来各国所形成的应急管理体系，具有鲜明的时代特征，深刻地反映了世界范围内公共治理方面的变革趋势。各国在这一体系的改革过程中，形成了一系列的经验，也仍然存在一些问题。

各国在应急管理体制改革中的基本经验主要集中在以下几点，一是强化应急管理机构综合协调能力，应急管理是需要强有力的集中指挥，分散决策不适用于紧急状态时期。尤其是一些联邦制国家，如俄罗斯、美国等国，联邦政府成立了大部制形式的应急管理机构。二是建设区域应急联动机制，任何突发事件都不会局限在认为划定的行政区域内，所以各个行政区域间的合作变得非常重要，美国、日本等国家，其地方政府间都有互助协议，俄罗斯、美国在全国层面上还进行了区域应对的划分。三是真正落实突发事件的属地管理，除了极特殊情况外，地方政府在灾害应对中都发挥指导作用，中央政府提供重要的补充支持。四是应急管理的军民结合、寓军于民，几乎所有国家的军队，在重大灾害处置中都承担重要的一线救援任务，同时非战争军事行动也成为多数国家锻炼军队、提高战力的重要途径之一；同时，实行物资的军地联储、统一指挥规范、标准。这些行动支出、联合储备通常不列入军费开支，从而减少了军费开支比重。五是志愿者在应急救援中起到重要作用，降低了救援成本，同时提高了救援效率。

各国应急管理体制建设中，同样也发现了一些问题：一是巨灾应对时，政府权力相对弱化，导致无法实现有效的决策指挥。二是负责突发事件管理的部分众多，各自为政，导致信息分散、孤岛现象严重，也产生过一系列重大失误。三是对各类技术手段的严重依赖，虽然提高了救援能力，但是一旦在缺乏这些手段时，往往不知所措。

各国在总结经验、解决问题的过程中，形成了具有各自国家特色的应急管理体制。但是，这些体制也具有一些共性的特点，主要表现在：一是在横向上行政权力相对集中，建立综合性、高权威的应急管理机构；二是在纵向上权力下沉，以地方政府承担突发事件应急管理的主要角色；三是在指挥体系、救援组织、物资储备、培训演练等方面，实行军政协作，有效协调配合；四是企业、非政府组织、基层组织及志愿者在应急救援中作用突出。

三、推进我国应急管理体制改革

我国在2003年以来，全面开始了应急管理体系建设，初步建立了“统一领导、综合协调、分类管理、分级负责、属地管理为主”的应急管理体制，形成了我国特有的管理体制模式。这一体制模式在历次应对突发事件过程中，发挥了巨大的作用，但是仍然存在一定的问题，需要进一步探索改革的路径。我们认为，应该从以下几个方面进行改革：

一是强化各级政府应急办的权威和综合协调能力，加强各级应急管理专门机构建设。但是，模仿美国、俄罗斯等国建立一个大而全的“大部制”突发事件处置机构，不应当成为我国应急管理机构改革的方向。这种模式主要适用于各级权力相互独立的联邦制国家。

二是明确各级专门应急管理指挥机构的定位，形成强有力的指挥决策能力。同时，也要加强指挥机构的内部制度建设，形成集中统一的领导。

三是合理划分政府间事权范围，将地方政府的事权归于地方，真正实现地方政府突发事件处置中的主导作用。

四是探索实现有效的军地合作途径，实现有效的协同作战能力，不仅包括统一指挥体系、指挥规范和标准，也包括联合储备、联合演练等具体行动。

五是加强基层政府、民间应急能力建设，包括志愿者队伍建设、第一响应者制度建立、提高基层政府应急能力等等。

国外危机管理

应急管理专家　阮　林

一、应急管理体系建立及常设专职机构工作规范化

尽管各国在应急管理上都设立了协调有效的专门机构，但由于各国的行政管理体制与法律制度不同，在应急组织管理体系的设置与职能上，也不尽相同，大致可分为两类：

一类是建立综合性强的应急管理机构，实行集权化和专业化管理，统一应对和处置危机。代表性的国家是美国、俄罗斯、日本等。

如美国的联邦应急管理从20世纪60～70年代开始逐步走向统一。1979年，美国总统卡特将全国多个联邦应急机构的职能进行合并，成立了联邦应急管理署。2003年，美国总统布什将联邦应急管理署与22个联邦机构整合组成国土安全部。联邦应急管理署直接向总统负责，下设国家应急反应队，另有5000多名灾害预备人员，实行军事化管理。

俄罗斯于1994年设立联邦民防应急和减除自然灾害影响事

务部（简称联邦紧急事务部），负责整个联邦应急救援的统一指挥和协调，直接对总统负责。其内部设有人口与领土保护司、灾难预防司等部门，同时下设俄罗斯联邦森林灭火委员会、俄罗斯联邦抗洪救灾委员会等机构。在全国范围内，以中心城市为依托，下设 8 个区域性中心，负责 89 个州的救灾活动。每个区域和州设有指挥控制中心，司令部设在有化学工厂的城镇。下辖中央搜索分队 80 个，每个分队约由 200 名队员组成。

日本中央防灾会议是综合防灾工作的最高决策机关，会长由内阁总理大臣担任，下设专门委员会和事务局。中央防灾会议的办公室（事务局）是 1984 年在国土厅成立的防灾局，局长由国土厅政务次官担任，副局长由国土厅防灾局长及消防厅次长担任。各都、道、府、县也由地方最高行政长官挂帅，成立地方防灾会议（委员会），由地方政府的防灾局等相应行政机关来推进地震对策的实施。许多地区、市、町、村（基层）一般也有防灾会议，管理地方的防灾工作。各级政府防灾管理部门职责任务明确，人员机构健全，工作内容丰富，工作程序清楚。

另一类是实行分权化和多元化管理，在应急管理中实行多部门的参与和协作。代表性的国家是英国、德国、澳大利亚、新西兰等。

英国政府应对具体灾难一般由所在地方政府主要负责处理，而不是依赖中央机构。为此，每一个地区都设立由“紧急计划长官”负责的紧急规划机构，平时负责地区危机预警，制定工作计划，举行应急训练；灾时负责协调各方力量，有效处理事务，并向相应的中央政府部门咨询或寻求必要的支援。中央政府设有国民紧急事务委员会，由各部大臣和其他官员组成。委员会秘书负责指派“政府牵头部门”，委员会本身则在必要时在内政大臣的主持下召开会议，监督“政府牵头部门”在危急情况下的工作。

中央政府主要负责应对特定类型的事件（如核事故）或者其影响超过地方范围的重大事件（如重大恐怖袭击）。其他情况下中央政府仅限于处理国会、媒体、信息等方面的事务，从外围向地方政府提供支持。

德国的灾害预防机制是由多个担负不同任务的机构有机组成的。在发生疫情以及水灾、火灾等自然灾害时，各部门依法行事，各司其职。例如，抢险救灾工作由德国各州的内政部门负责。一旦发生洪灾，首先由消防队员和警察参加抢险。各州抢险力量不足时，可向国家内政部提出申请，经总统批准后调联邦国防军参加抢险救灾。

澳大利亚的紧急事务管理体系是以州为主体，分联邦政府、州和地方政府三个层次。在联邦层次，作为澳大利亚紧急事务管理的实体机构，隶属于澳大利亚国防部的应急管理署是联邦政府主要的紧急事务管理部门，负责全国性的紧急事件管理。在州层次，各州均有自己的紧急事务管理部门，通过判断紧急事件的性质和可能影响的范围来启动不同层次的应急计划。但州紧急事务管理部门是处理紧急事件的主体，当地政府不能处理紧急事件时，将会向州政府提出救援申请，如果事件超出州政府的应对能力，则向联邦政府提出救援申请。不过，通常联邦政府主要向州政府提供指导、资金和物质支持，并不直接参与管理。

新西兰应急管理体制有3个层次：国家层次为民防与应急管理部；地区层次（14个）为应急管理委员会；市级（86个）为应急管理委员会。3个层次的机构均隶属各级相应政府。在处理灾害时，各级政府的灾害协调小组与民防和应急管理部（委员会）联合办公。

二、灾害研究和事故预防机制超前化

发达国家十分重视对城市危机管理的研究，并建立了比较严密的研究体系：研究力量强，研究内容既具有针对性，又具有广泛性以及前瞻性的特点。这些研究成果提高了政府危机管理的科学性、有效性和管理能力。

日本是较早开展城市危机管理研究的国家。在阪神大地震前，城市危机管理研究还处于一种以研究机构独立进行的相互分割的研究为主的态势。大地震给了他们整合的机会，现在日本在这个方面的研究不仅系统化，而且已经不限于研究国内城市，研究的领域和能力不断拓展，研究水平处于世界前列。

欧洲国家的紧急救援教育与培训已形成完整体系，各国均设立了国家紧急救援训练基地或培训中心，如荷兰国际紧急救援技术中心，承担城市紧急事务处理和救援培训任务，建有专门的高等学府和研究中心，培养高层次救援管理人才和专业人才。英国建立了意外事件计划学院，专门从事英国应急理论、应急措施、跨部门协调应急行动的研究，目前每年有来自各行各业的111万多人到学院学习培训。

澳大利亚紧急事务管理体系的特点是把综合防灾减灾与危机管理集合起来，加强预防工作，研究潜在危机，体现在改变规划编制思路、综合所有灾害、把所有可能的紧急事件都包括进去，以确保具体规划能够灵活适应所有事件的要求；不断进行工作测试、评估，确保系统的有效性和实际操作性，把握面临的挑战、考虑城市密集区各种设施的相关性，充分认识和应对城市灾难的复杂性。

美国联邦应急管理署也非常重视前期研究工作，首任联邦应急管理署署长特别重视无论是孤立事件还是战争都非常重要的三环节：指导、控制和预警体系的研究和建设。克林顿时期任命的署长强调，冷战结束后，联邦应急管理署的工作重点是防灾和减灾，有限的资源要从民防向救灾、减灾和恢复转移；布什时期的署长则强调反恐与灾害，事故的全方位应急反应。

三、应急管理程序法制化

基于法律进行应急管理是发达国家的成功经验，应急管理的所有职能都由法律赋予。发达国家大都具有完善的防灾减灾法律法规体系，对与防灾减灾及灾害应急等有关的一些重大事项做出了比较明确的规定，如各级政府乃至民众对于防灾减灾所负有的责任；防灾减灾组织机构的设置；防灾减灾规划的制定；发生灾害后的应急程序和职责所在；支援灾后重建的财政特别措施等。

日本是重灾大国，它的第一部防灾法可以追溯到1880年。日本还是全球较早制定灾害管理基本法的国家。目前日本的防灾减灾法律体系是一个以《灾害对策基本法》为龙头的相当庞大的体系。按照法律的内容和性质，可以将它们分成基本法、灾害预防和防灾规划相关法、灾害应急相关法、灾后重建和恢复法与灾害管理组织法等五个类型。按照日本《防灾白皮书》的分类，这一体系共由52部法律构成，其中属于基本法的有《灾害对策基本法》等6部，与防灾直接有关的有《河川法》、《海岸法》等15部，属于灾害应急对策法的有《消防法》、《水防法》、《灾害救助法》（1947年制定）等3部，与灾害发生后的恢复重建及财政金融措施有直接关系的有《关于应对重大灾害的特别财政援助的法律》、《公共土木设施灾害重建工程费国库负担法》等24部，与防灾机构设置有关的有《消防组织法》等4部。

表　日本防灾应急法规体系

<table>
<tr><td>灾害阶段</td><td colspan="2">预防</td><td>应急</td><td colspan="4">恢复、重建</td></tr>
<tr><td>灾害种类</td><td colspan="2">灾害对策基本法</td><td rowspan="6">•灾害救助法
•自卫队法
•警察法
•消防法</td><td rowspan="6">•巨大灾害法
•住宅金融公库法
•雇用保险法
•产业劳动者住宅资金融通法
•劳动者灾害补偿保险法
•地方公务员灾害补偿法
•国民生活金融公库法
•中小企业金融公库法
•工商组合中央公库法
•中小企业信用保险法
•农林渔业金融公库法
•自作农维持资金融通法
•公立学校设施灾后修复国库负担法
•灾区恢复特别法
•灾民租税减免等相关法律
•公共土木设施灾后修复事业费用国库负担法</td><td rowspan="6">•灾害慰问金的支给相关法律
•灾民生活重建志愿法
•天灾融资法
•公共土木设施灾后恢复事业费用国库补助的暂行措施等相关法律
•农林水产设施等灾后恢复事业费用国库补助的暂行措施等相关法律
•农业灾害补偿法
•农业协同组合法</td><td colspan="2" rowspan="4">•受灾者生活再建支援法</td></tr>
<tr><td>地震</td><td colspan="2">•大规模地震对策特别法
•地震财产特别法
•地震防灾对策特别措施法
•建筑物抗震改进促进相关法
•推进密集街区防灾街区建设的相关法律</td></tr>
<tr><td>火山</td><td colspan="2">•活火山对策特别措施法</td></tr>
<tr><td>风水灾</td><td colspan="2">•防洪法（河流法）</td></tr>
<tr><td>滑坡
泥石流
崩塌</td><td>•防砂法
•森林法
•特殊土壤地带灾害防止及振兴临时措施法
•滑坡防止法
•治山，治水紧急措施法
•崩塌等灾害防止相关法律
•土砂灾害警戒区域土砂灾害防止对策的推进相关法</td><td rowspan="2">因防灾需要集体迁移促进事业相关的国家财政上的特别措施等相关法律</td><td rowspan="2">地震保险相关法律
台风常袭地带灾害防止相关特别法律</td><td rowspan="2">•森林国营保险法
•森林组织会法</td></tr>
<tr><td>雪灾</td><td>•大雪地带对策特别措施法</td></tr>
</table>

美国各类全国性防灾法律有近百项，其历史可以追溯到1803年针对新罕布什尔城市大火制定的国会法案。像这样的针对飓风、地震、洪水和其他自然灾害的特别法案通过了上百次修订。1959年制定了《灾害救济法》，1966年、1969年、1974年先后修改，每一次修改实际上都扩大了联邦政府的救援范围及减灾、预防、应急管理和恢复重建的全面协调。美国的《紧急状态管理法》不仅明确了政府职能定位：指挥系统、危机处理和全民动员，而且对公共部门如警察消防、气象、医疗和军方等责权做了具体的规范。

其他国家应急管理法规体系也比较完善，如芬兰颁布了《芬兰救援法》，法国颁布了《法国地震救援法》，瑞士联邦议会颁布施行了《瑞士联邦民防法》。

总的来说，发达国家都有一套完善的应急管理的法律体系，这类法律体系一般都有一个基本法，据此调整各个部门从不同环节对防灾事项的规定，构成有机的法律体系。

四、政府信息发布系统网络化

让公众知道危机的事实和真相，是发达国家处理城市危机的一个共同点。在危机中，法律规定政府有责任向媒体公布危机真相，而媒体也有义务向公众传达准确时效的信息，媒体有独立的权力参与危机管理的整个进程，并就某些公众感兴趣的问题进一步调查。事实上，政府不仅不会对媒体隐瞒危机真相，而且会努力通过媒体改善和沟通与民众的关系，提高政府形象，并赢得权力。媒体往往成为政府提高认可程度的一个有效手段，因而政府十分重视新闻媒体的作用。媒体为了提高知名度和收视率，会不惜一切代价挖掘有价值的新闻，持续对政府采取的危机管理措施进行跟踪。这无形中加强了对政府应急行为的监督。所以，危机管理中加强与媒体的合作本身是发达国家政府应急危机管理的一个重要内容。

英国政府在应急指导原则中指出，各机构平时就应做好相应准备，在危机发生时及时设立专门部门，委任新闻官，专门处理媒体事务。此外，政府还与全国第一大传媒——英国广播公司合作，发起“危机中保持联络”的行动，向公众提供及时准确的信息。

美国紧急警报系统具有多部门协作的特点，参加单位除了联邦通信委员会外，还有国家海洋和大气管理局下属的国家气象局。美国各州和大城市政府都成立了紧急警报委员会，负责各地“紧急警报系统”的建立和运作，构筑了一个全国性紧急警报网络。在这一网络中，各部门分工明确。联邦通信委员会负责警报系统硬件研发，向用户提供信息和技术服务；国家气象局提供重大灾害天气的警报工作，开通了 24 小时全国天气广播；而联邦应急管理署则在发生重大灾害时管理联邦救灾资源，与地方应急反应部门合作，指导地方救灾工作。紧急警报系统还是一个多媒体紧急信息发布网络。根据联邦通信委员会的规定，美全国绝大多数短波和调频电台、电视台和户外广告媒体等都必须强制加入紧急警报系统，购买该系统专用解码器，担负起向公众及时发布重大灾害警报的任务，以便公众及早做出抗灾抢险准备。

日本有一套危机预防体制以及信息传播途径，随时向国民报告事实真相。由于信息公开，情况透明，因此国民情绪比较稳定，能够比较冷静地应对危机。

五、相关专业人员组成的抢险救援队伍军事化或准军事化

世界上大多数国家的应急反应队伍是由专业队伍组成的，如军队、消防队或武装警察部队，民防专业队伍也是主要力量。从世界范围看，民防专业队伍一般按照专业对口、便于领导、便于训练、便于执行任务的原则组建，通常采取军地结合、以民间专业组织为主的形式。在现代条件下，随着救援工作技术含量逐渐增大，防灾救灾的要求普遍提高，对民防人员的素质要求相应提高，在此基础上，各国在组建和管理形式上也采取了很多措施，保证应急救援的及时有效。

德国是建立民防专业队较早的国家，全国除约 6 万人专门从事民防工作外，还有约 150 万消防救护和医疗救护、技术救援志愿人员。这支庞大的民防队伍均接受过一定专业技术训练，并按地区组成抢救队、消防队、维修队、卫生队、空中救护队。德国技术援助网络等专业机构在有效应对灾害过程中也发挥了十分重要的作用。

法国的民防专业队伍主要由一支近 20 万人的志愿消防队和一支由 8 万预备役人员组成的民事安全部队组成。民事安全部队现编成 22 个机动纵队，308 个收容大队和 108 个民防连，分散在各防务区、大区和省，执行民事安全任务，战时可扩编到 30 多万人。

美国联邦应急管理署组建和管理着 28 支城市搜索与救援队，其中有 2 支国际救援队，分布在美国 16 个州和华盛顿特区。

俄罗斯的应急队伍包括联邦紧急状态行动指挥中心的救援培

训中心和分设在莫斯科等8个区域城市中心的58支专业救援队伍，实现了救援力量主体的专业化和军事化。如救援培训中心辖有救援、空降和防御部队，以及生化防御、生命保障、扫雷、警卫、医疗救援、警犬等11种专业分队和3个汽车分队。民防力量由民防部队和非军人民防组织组成。其中，非军人民防组织分为一般任务组织和勤务组织，前者的主要任务是独立进行救援和灾后恢复工作，后者主要执行民防专业技术性任务，如医疗、伤员护送和食品供应等保障工作。

以色列的民防专业队伍由后方司令部下辖的全国救援部队和各分区的急救营、安全治安营、防核生化营、观察通信连、医疗分队、预警系统及军民消防分队等组成。除专业队伍外，还有1支民防志愿人员队伍，分布在农业、卫生、教育、财政、国防、内政、基建和环保等部门及各地方行政单位。

英国的应急反应主要依靠消防队，但也有许多民间的应急组织参加。例如紧急事件计划协会，就是一家参与任何形式的危机、紧急事件或灾难规划和管理的专业性机构，拥有来自不同行业的1400名会员，如各级政府、工业、公共设施、紧急救助服务、志愿者、教育机构、法律和独立咨询等行业的专业人员。

六、应急求生救援社会化

发达国家在城市危机管理中，不仅政府积极主导，市民也通过非政府组织等介入管理，形成了政府、非政府组织、市民责任共担的城市危机管理体系。政府的责任是提供法律和协调、指导危机管理，为危机社会提供秩序和法律；市民则在国家公民责任的范围内参与，这个责任主要是危机中的守法，而不是乘机制造混乱，同时通过各种非政府组织渠道组成自救、赈灾等组织，担当一个公民参与公共事务并发挥作用的责任，作为危机管理体系中的一个螺丝钉，尽公民的责任，与整个政府提供的法律机器一起运转。

城市危机对社会是一种伤害，但对市民和法律制度而言却是一次提升的机会，在危机中培养和巩固法治观念和人文意识，形成奉献和团结精神。如美国，首先建立非政府组织及市民参与的危机管理社会网络，以市民和所在社区为单位组织民间自主救援团体，建立民间社区灾难联防体系，并动员民间慈善团体和民间宗教系统一起建立危机管理非政府组织网络。其次，开展危机自救，包括建立紧急自救队伍，并对他们每年进行长达数天、广及数州的全面动员；实兵演练，使人们熟悉各种危机状况。同时，动员全民参与危机管理。美国危机管理是由联邦应急管理署、联邦议会、州政府、地方政府、志愿义务组织、民间团体、私人企业等全方位动员，强调全城市综合减灾等。民众的参与：在个人层面，特别加强个人对灾难的认识，提供基本应变常识，协助设计家庭应变计划，购买合适的灾难保险（洪水、地震等），并呼吁灾变时对老弱病残的协助等。在社会层面，建立完善的捐募系统，让有心投入救灾赈灾的社会各阶层人士可以方便地找到捐赠途径，以有效汇集救灾资源，并将赈灾物资及时送达灾民手中，同时对救灾资源做最有效的统筹分配。

七、灾害意识培养和全社会的应急教育普遍化

许多国家都很重视提高公众的防灾意识，通过制定许多相关

制度，且采用丰富多彩的形式开展防灾减灾宣传普及活动，通过开展灾害预防教育，使民众具有较高的防灾意识和正确的知识，提高民众的自救能力，减少灾害可能带来的生命财产损失。

如澳大利亚应急管理署把打造可持续的安全社区作为2002～2005年的根本目标，从战略和战术上提高社区的防灾意识和应急反应能力。

主旨：建设可持续的安全社区

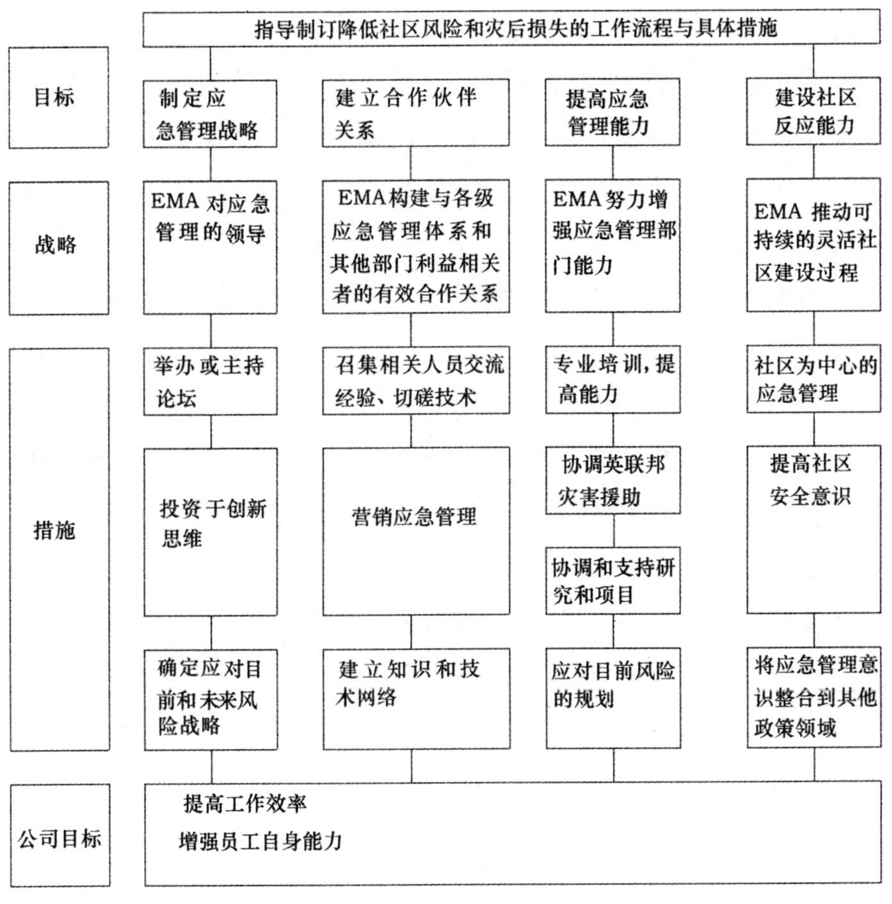

图　澳大利亚应急管理署2002～2005工作重点

日本把每年的9月1日定为国民“防灾日”，在每年的这一天，都要举行有日本首相和各有关大臣参加的防灾演习，通过全民的防灾训练，提高防灾意识和防灾能力。其目的是，一方面提高国民的防灾意识，另一方面检验中央及地方政府有关机构的通信联络和救灾、救护、消防等各部门间的运转协调能力，并对各类人员进行实战训练。当然，重点是训练政府对防灾机构工作人员及各类救灾人员，包括自卫队和消防厅等的领导指挥能力。

瑞士的民防教育训练开展得较早，并取得了很好的成效。经过多年的努力，瑞士形成了一整套民防教育训练体系和制度。瑞士联邦民防局负责制定全国民防教育训练计划，领导各州、区民防局和民防司令部的民防教育训练工作；各州、区民防局和民防司令部负责本区民防教育训练工作，并领导城市民防厅组织民防教育训练。

美国的民防教育训练由联邦应急管理署领导，负责制定全国民防教育训练计划，领导全国10个民防区的民防教育训练工作；各民防区负责本区教育训练，根据联邦应急管理署下达的计划，组织民防专业队和全体公民进行教育训练。值得一提的是，美国的应急教育是从幼儿园小班抓起的，直至老人；不仅开展教育培训，而且是必修课，要考核过关。

德国把洪水预警分为四级，并广泛宣传，告知居民风险程度和预防措施。洪水到来时，居民可自行判断危险程度，合理安排工作和生活。

八、几点思考

我国是一个地域辽阔、人口分布密集、流动性大的国家。现阶段，城市化已进入了高速增长期，其脆弱性相应上升；中国与中亚、南亚等恐怖活动高发区接壤，境内外恐怖势力相互勾结，频频制造事端；此外，新疾病的不断出现，国际上生物、化学、放射和核危险物质扩散加快等等，这一切都对我国经济和社会的发展以及人民的健康和生命安全构成了严重威胁。而在当今全球化进程加速的世界上，天灾人祸应对失措，极易引起灾害链的综合放大效应，使危机隐患变为现实危机，局部危机恶化成全局危机。

目前，我国没有能够真正统一管理各种危机的应急机制，现行的危机管理主要分行业、分部门进行，仍是传统的以“条”为主的单灾种防御体系。它的专业救灾能力较强，但难以应对并发灾害及其产生的复杂后果。危机治理政出多门，权限交错，易造成行政低效。条块分割，各自为战，不利于有效的沟通与合作以及社会资源的应急整合。危机处理如靠临时组班子运作，往往反应慢、成本高，且不易积累危机防治的经验教训。此外，我国应急基础设施能力总体较薄弱，各地差距也较大；绝大部分城市灾害应急网络尚未形成，公共卫生管理体系不健全；危机管理人才不足，缺乏系统的培训机制及机构。种种缺陷将会制约紧急事态的处置效率。

上述各国的应急模式尽管因国情不同而各具特色，但我们可以博采众长：如应急管理体系建立及常设专职机构工作规范化、灾害研究和事故预防机制超前化、应急管理程序法制化、政府信息发布系统网络化、相关专业人员组成的抢险救援队伍军事化或准军事化、应急求生救援社会化、灾害意识培养和全社会的应急教育普遍化等等，都对我国应急管理体系的建设有很好的借鉴和启示作用。